edition suhrkamp 2193

W0229141

633/1212000

In seinen Poetikvorlesungen, die er im Januar und Februar 2000 in Frankfurt gehalten hat, untersucht Hans-Ulrich Treichel exemplarisch am eigenen Fall das Werden eines Autors: wie das Leben, ob in der westfälischen Provinz, in Berlin oder in Rom und auf Reisen, den Autor gleichsam entwirft und zu dem macht, was er heute ist: Schriftsteller und damit immer auch Finder und Erfinder der eigenen Biographie.

In fünf Anläufen präsentiert sich einer in seinen ersten zaghaften Anfängen genauso wie im Erfolg, den er, Hans-Ulrich Treichel, weltweit mit dem *Verlorenen* und dem *Tristanakkord* gehabt hat, humorvoll, stilsicher und selbstbewußt. Und stets als ein Autor, der nachdenkend klug zu erzählen und erzählend auf höchst unterhaltsame Weise nachzudenken versteht.

Hans-Ulrich Treichel, 1952 in Versmold/Westfalen geboren, lebt in Berlin und Leipzig. In der edition suhrkamp liegen vor: Liebe Not. Gedichte (1986), Seit Tagen kein Wunder. Gedichte (1990), Der einzige Gast. Gedichte (1994), Über die Schrift hinaus. Essays zur Literatur (2000).

Foto: Isolde Ohlbaum

Hans-Ulrich Treichel
Der Entwurf des Autors

Frankfurter Poetikvorlesungen

Suhrkamp

edition suhrkamp 2193
Erste Auflage 2000
© der deutschsprachigen Ausgabe
Suhrkamp Verlag Frankfurt am Main 2000
Erstausgabe
Alle Rechte vorbehalten, insbesondere das
der Übersetzung, des öffentlichen Vortrags sowie
der Übertragung durch Rundfunk und Fernsehen,
auch einzelner Teile.
Kein Teil des Werkes darf in irgendeiner Form
(durch Fotografie, Mikrofilm oder andere Verfahren)
ohne schriftliche Genehmigung des Verlages reproduziert
oder unter Verwendung elektronischer Systeme
verarbeitet, vervielfältigt oder verbreitet werden.
Satz: Jung Satzcentrum, Lahnau
Druck: Nomos Verlagsgesellschaft, Baden-Baden
Umschlag gestaltet nach einem Konzept
von Willy Fleckhaus: Rolf Staudt
Printed in Germany

1 2 3 4 5 6 – 04 03 02 01 00

Inhalt

I. Lektionen der Leere

Tief ist der Brunnen der Vergangenheit, und es gehört zu
den besonderen Privilegien eines Schriftstellers, aus diesem Brunnen das Element zu schöpfen, welches ihn erst
zum Schriftsteller macht. Die Erinnerung ist der Lebens-
stoff wohl der meisten Autoren, die vergangene Lebenszeit ist das Kapital, das sich auf dem Konto des Schriftstellers in jedem Falle akkumuliert, was man von anderen
Kapitalien nicht unbedingt sagen kann. So melancholisch
uns die vergehende Lebenszeit auch stimmen mag. Es
bleibt der Trost, daß für uns alles Vergangene nicht gänzlich verloren sein muß, weil wir es nutzen können für un-
seren Text. Und dieser Text wird, so die – leider nicht immer begründete – Hoffnung des Autors, Bestand haben
über die eigene Lebenszeit hinaus. Die vergehende und
vergangene Zeit gehört zu den wichtigsten Besitzständen
eines Schriftstellers. Und der Teil der vergangenen Zeit,
der vielen als der wertvollste erscheint, ist die Kindheit.
Sie ist das sonnenbeschienene Griechenland auf der
Landkarte der eigenen Lebensgeschichte, ursprungsnah
und zukunftsfroh zugleich. Was wären ein Goethe, ein
Rousseau, ein Fontane oder ein Proust ohne ihre jewei-
lige Kindheit? Die Frage scheint sich von selbst zu beantworten. Nehmen wir nur Rousseau, der, glauben wir seiner Selbstdarstellung, schon als Knabe ein Genie war, mit
sieben Jahren die Bibliothek der Mutter ausgelesen hatte
und in seinen »Bekenntnissen« von sich nicht nur be-
hauptet: »Ich hielt mich für einen Griechen oder Römer«, sondern auch, daß er sich bereits als Kind von zu-
viel Romanlektüre mit Plutarchs »Bioi paralleloi«, den
Lebensbeschreibungen berühmter Griechen und Römer,

kuriert habe. Soviel schier unglaubliches Bildungsglück
kann nur noch von dem Bindungsglück eines Theodor
Fontane übertroffen werden, der, was ich mit Rührung
lese und noch viel unglaublicher finde als Rousseaus
Lektüren, zu den glücklichsten Momenten seiner Kindheit denjenigen zählt, wenn er seinen Vater aus dem Mittagsschlaf wecken durfte, weil, so Fontane, der Vater
»dabei nicht bloß von besonders guter Laune, sondern
sogar von einer ihm sonst gar nicht eignen Zärtlichkeit
gegen mich war. Ich mußte mich dann zu ihm setzen, und
er plauderte mit mir, weit über meinen Kopf weg, über
allerhand merkwürdige Sachen, die mich, vielleicht gerade deshalb, entzückten.« Offensichtlich haben wir es
hier mit einem Schlüsselerlebnis der versöhnlichsten Art
zu tun, mit einer Art Urszene: der Schriftstellergenese
aus dem Geiste väterlicher Zärtlichkeit und Erzähl-
freude. Sollte es sich hier allerdings um nachträgliche
Konstruktion, wenn nicht gar Mystifikation handeln, so
würde ich darüber hinwegsehen. Schließlich kann ein jeder sich glücklich schätzen, der sich auf solche Weise
über seine Vergangenheit zu täuschen versteht. Nicht um
eine Selbsttäuschung, gewiß aber um eine Konstruktion
handelt es sich bei Goethes Kindheitserinnerungen in
»Dichtung und Wahrheit«, und Goethe unterläßt es auch
nicht, dem Leser das Moment der Konstruktion schon
dadurch zu offenbaren, daß er über die Stunde seiner Geburt schreibt: »Am 28. August 1749, mittags mit dem
Glockenschlage, kam ich in Frankfurt am Main auf die
Welt. Die Konstellation war glücklich (...).« Mit letzterer meint Goethe die Konstellation der Planeten, und aus
der Rückschau deutet er gewiß richtig, daß die Sterne
günstig für ihn standen. Obwohl Goethe eine schwere
Geburt war und, mit seinen Worten, »für tot« auf die

Welt kam, nutzt er den »astrologischen Aberglauben«, »der«, so Goethe in einem Brief an Schiller (vom 8. 12. 1789), »auf dem dunklen Gefühl eines ungeheuren Weltganzen« ruht, sein Leben wohlgefügt in eben dieses Ganzes hineinzustellen, ohne Rücksicht darauf, ob die astrologischen Daten stimmen oder nicht. Goethe hätte seinen Lebensbericht freilich auch ganz anders beginnen können. Zum Beispiel so, wie sein Biograph Richard Friedenthal es später getan hat: »Die Geburt des Kindes war schwer. Sie dauerte drei Tage. So gut wie leblos kam Goethe zur Welt, ‚ganz schwarz‘ wie die Mutter später erzählte, das heißt in Wirklichkeit wohl blau durch Atemmangel und Störung des Kreislaufs; Asphyxie ist die medizinische Bezeichnung«. Was für den einen die Asphyxie, ist für den anderen eine glückliche Konstellation. Ganz unabhängig von den realen Umständen von Goethes Geburt aber zeigt der Modus der Goetheschen Erinnerung nicht nur, daß die Einbildungskraft an jeder Erinnerung mitschreibt. Sie demonstriert zugleich die Goethesche Fähigkeit, auch ungünstigen Bedingungen einen wohlmeinenden Planetenstand abzutrotzen. Goethe war ein Begünstigter, aber zu diesem Begünstigtsein gehört nicht nur das Beschenktsein mit Glück, sondern auch die Bereitschaft zu glauben, daß Glück selten allein kommt. Mit den Worten Goethes: »Wie man zu sagen pflegt, daß kein Unglück allein komme, so läßt sich wohl auch bemerken, daß es mit dem Glück ähnlich beschaffen sei; ja auch mit anderen Umständen, die sich auf eine harmonische Weise um uns versammeln; es sei nun, daß ein Schicksal dergleichen auf uns lege oder daß der Mensch die Kraft habe, das, was zusammen gehört, an sich heranzuziehen.« Die gute, glückliche Kindheit mag eine wichtige Voraussetzung für eine gelingende Schrift-

stellerlaufbahn sein. Doch ist sie mit Sicherheit nicht die
einzige. Wir kennen alle die Ernest Hemingway zugeschriebene Antwort auf die Frage, was man mitbringen
müsse, um ein Schriftsteller zu werden: Talent und eine
unglückliche Kindheit. Letztere ist ein Kapital, über das
nicht wenige Autoren verfügen. Es gibt einige ganz her-
ausragende Unglücksgeschichten in der Literaturgeschichte. Vorbildliches kindliches Unglück sozusagen,
ohne das bestimmte Autoren gar nicht zu denken sind.
Hierzu fallen einem natürlich Autoren wie Karl Philipp
Moritz oder Jakob Michael Reinhold Lenz ein, die beide
nicht nur nicht zu den Glückskindern unter den Autoren
gerechnet werden können, sondern exemplarisch für
eine unglückliche Schriftstellerkindheit beziehungsweise eine zerrissene Lebensgeschichte und unvollen-
dete Autorschaft stehen. Es sind beides Autoren, die
nicht wie Goethe Meister der Krisenabwehr und Persön-
lichkeitsfestigung waren, die nicht die Kraft hatten, das,
was zusammengehört, an sich heranzuziehen.

Wollte ich mich an einem der soeben erwähnten Autoren messen, allein im Hinblick auf ihre biographische
Erfahrung und ihre schreibpsychologischen Vorausset-
zungen wohlgemerkt, dann könnte ich mir selbst nicht
erklären, warum ich jemals zur Feder gegriffen beziehungsweise mich an die Schreibmaschine gesetzt habe,
um damit zuerst Tagebuchnotizen und dann Gedichtzeilen zu schreiben. Ich kann nicht wie Goethe behaupten, daß zur Stunde meiner Geburt die Konstellation besonders glücklich war. Ich kenne die Stunde meiner
Geburt nicht einmal. Ich habe selbstredend auch nicht
das Privileg genossen, ein Figurentheater in der guten
Stube aufzubauen, zur nachträglichen anekdotischen

Freude der Familie mit Töpferware um mich zu schmei-
ßen, einen zärtlich gestimmten Vater aus dem Mittagsschlaf zu wecken oder mich gar mit Plutarchs »Lebens-
läufen« von übermäßiger Romanlektüre zu kurieren.
Doch ist mir ebenfalls verwehrt, es Chateaubriand nach-
zutun, der in seinen Memoiren umstandslos bekennt:
»Ich war halb tot, als ich zur Welt kam.« Ich weiß nicht,
in welchem Zustand ich war, als ich zur Welt kam. So
schlimm wird es nicht gewesen sein, als daß es für den
dramatischen Beginn einer Erinnerungsschrift ausrei-
chen würde; und ich kann, zu meinem eigenen schrift-
stellerischen Leidwesen, auch nicht behaupten, daß ich
mehr als einmal von einem Lehrer geohrfeigt oder gar
mit dem Rohrstock über die Flure von Kadettenanstal-
ten gejagt worden bin. Gern würde ich, wie einst der ge-
plagte Schiller, den »naturwidrigen Beischlaf der Subor-
dination und des Genius« für mich geltend machen, aber
ich kann dies verständlicherweise nicht einmal in Ansät-
zen tun. Nicht nur wegen des Genius, sondern auch,
weil mein kriegsversehrter und einarmiger Vater zwar
streng, aber kein absoluter Herrscher war, dazu hätte es
unter anderem des zweiten Armes bedurft. Die Eltern
waren wohl christlich, aber nicht glaubensfanatisch. Der
Krieg und die Vertreibung hatten ihre einfache, den
schwäbischen Vorfahren entstammende pietistische
Frömmigkeit wohl doch mehr erschüttert, als es der
sonntägliche Kirchgang ihnen anmerken ließ. Mit anderen Worten: Mich hat weder besonderes Glück noch besonderes Unglück zum Schreiben getrieben. Das, was
den Schreibwunsch hat heranbilden lassen, war ganz
offensichtlich eine Erfahrung jenseits von Glück und
Unglück. Ein unbekanntes Drittes, von dem ich bis
heute nicht sicher weiß, was es der Substanz nach war,

und an das ich mich heute vor allem als eine Erfahrung
der Abwesenheit erinnere. Als ein eigentümliches
Nichts sowohl im Bereich des inneren wie auch des äu-
ßeren Lebens. Über das innere sollte ich, schon aus Diskretionsgründen, nicht öffentlich sprechen. Und ich
spreche auch nicht darüber. Doch ich spreche nicht aus
Diskretionsgründen nicht darüber, sondern weil dieses
damalige innere Leben nur eine äußerst poröse Präsenz
hat. Weil es mir ebenso durchlöchert und erfahrungsleer
erscheint wie alles andere auch, was den Gehalt und das
Bild meiner Kindheit ausmacht. Da war nichts, was ich
heute ausplaudern könnte. Oder höchstens die Tatsache,
daß da nichts war.

Die Leere der Kindheit ist ohne Zweifel meine prägend-
ste Kindheitserfahrung. Doch ist diese Leere nicht gänzlich gegenstandslos geblieben. Sie hat ihre speziellen Verkörperungen gefunden und sich mir zuallererst und
paradoxerweise als Fülle, als eine mit Dingen vollgestopfte Welt offenbart. Ich spreche hier nicht von den
würdigen Dingen, bei denen einem Germanisten gleich
das Wort »Dingästhetik« einfällt. Ich spreche nicht von
Rilkes Dingen, »dunkel und klug«, und schon gar nicht
vom Rilkeschen »Ding der Dinge«. Ich spreche nicht
vom Ding Heideggers mit seiner »verborgenen Ding-
heit«, nicht von Verdinglichung und auch nicht von rissig
gewordenen Schuhen, dem Wasserkrug, dem mit Stroh-
geflecht bezogenen Stuhl, dem Deckel einer Blech-
büchse. Und ich spreche auch nicht von den Dingen, die
sich auf Dachböden finden, in lange verschlossenen
Schränken, oder in einem Haushalt, wie ihn beispielsweise Virginia Woolf für einige Jahre geführt hat: Da gab
es, wie wir aus einer nachgelassenen Inventarliste wissen,

»die Eichen- und Mahagonischränke, die Binsenstühle, die messingnen Bettgestelle, die lackierten Wannen für Sitz- und Fußbäder, die gehäkelten Sesselschoner und damastenen Servietten, die kupferne Wärmflasche und die Kupferkessel, das ›Sheraton-Sideboard mit drehbarer Cellarette (Flaschenschränkchen) auf massiven Bronzefüßen‹, das Broadwood Pianoforte für den Hausgebrauch, den ›ausgestopften Otter in der Vitrine‹, das ›Paar Stierhörner und Fossilien‹, die Schiffsmodelle hinter Glas«. Von alledem spreche ich zu meinem Bedauern nicht. Denn nur weniges davon – der ausgestopfte Otter, die Schiffsmodelle hinter Glas – hätte wahrscheinlich schon ausgereicht, um aus mir, wenn schon nicht einen ostwestfälischen Proust – was nach Lage der Dinge unmöglich und eine Contradictio in adjecto ist –, so doch wenigstens einen gegenstandsfrohen Erinnerer der eigenen Kindheit zu machen. Doch es gab keinen ausgestopften Otter, es gab kein Schiffsmodell hinter Glas und erst recht kein Sheraton-Sideboard. Was es im Übermaß gab, waren Pappkartons, in denen die Waren für den Tabakwarengroß- und Einzelhandel der Eltern geliefert wurden. Pappkartons und sogenannte Collico-Kisten – Ungetüme aus Metall, die zusammengelegt zurückexpediert werden konnten und schwer wie Panzerplatten waren. Den Collico-Kisten hatte ich noch etwas abgewinnen können. Sahen sie doch wie Waffenkisten in Abenteuerfilmen aus. Die Pappkartons dagegen, die sich im Lagerraum, im Hausflur und sogar in der Wohnküche stapelten, erinnerten an nichts als an das, was sie waren. Meine Kindheit war umstellt von Pappkartons, die ausgepackt werden mußten und denen, sobald sie ausgepackt waren, auch schon neue Lieferungen folgten, die sich wiederum in den Fluren und in der Wohnküche stapelten. Wenn die

Pappkartons leer waren, wurden sie zu Altpapier gemacht. Das Altpapier wurde in den Garagen gestapelt,
die tagsüber mein Spielplatz waren. Mein Combray war
eine Altpapierhalde, und mein Madeleine-Erlebnis der
Geruch von Holzwolle und »Ernte 23«, wobei nicht
vergessen werden sollte, daß auch Proust mit profa-
nem Röstbrot angefangen hatte, bevor er dieses durch
das muschelförmige Feingebäck ersetzte. Je besser der
Großhandel sich entwickelte, um so größer wurden die
Liefermengen und um so dauerhafter stellte sich gewissermaßen jedem meiner kindlichen Schritte ein Pappkar-
ton in den Weg. Reicht das aus für ein Trauma? Genügt
das für eine dramatische Künstlergenese? Ich befürchte
nicht. Es reicht allenfalls aus für eine lebenslange Idio-
synkrasie gegen Verpackungen aller Art. Und gegen
Dinge, die herumstehen. Dinge, die herumstehen, be-
drücken mich. Sie lösen sogar noch heute gelegentlich
Atemnot in mir aus. Natürlich standen in einem Ge-
schäftshaushalt wie dem meiner Eltern beständig Dinge
herum. Nicht nur Pappkartons. Auch Werbematerialien
beispielsweise. Sogenannte Aufsteller, die allerdings irgendwann umfielen und danach herumlagen. Bis sie
ebenfalls zu Altpapier wurden. Überflüssig, Gottfried
Benn und die Tatsache zu erwähnen, daß in meinem
Elternhaus keine Gainsboroughs hingen. In meinem Elternhaus standen Werbeaufsteller, die irgendwann umfielen. In meinem Elternhaus hingen nicht nur keine
Gainsboroughs, in meinem Elternhaus hing lange Zeit
nicht einmal der Röhrende Hirsch. Der wurde erst ange-
schafft, als er in der mittelständischen Nachbarschaft
längst außer Mode war und Feininger-Drucken und
Klee-Reproduktionen Platz gemacht hatte. In meinem
Elternhaus gab es nur die Lieferung des Tages, den Wa-

renstrom, der sich wie eine zähe Lavamasse seinen Weg durch das Haus, durch Flure, Wohnküche und Lagerraum bahnte. Wäre der Strom damals erkaltet, will sagen: wäre der Umsatz plötzlich zurückgegangen, dann wären wir wohl alle unter ihm erstickt. Natürlich wußte ich damals nicht, daß diese mit Waren vollgestopfte Welt mir eine Kindheit der Leere verschaffte. Damals wußte ich nur, daß ich raus wollte, weg – wohin, war egal. Ich entwickelte ein heftiges Fernweh und bin spazierengegangen. Heute glaube ich, daß ich schon als sehr kleines Kind spazierengegangen bin. Aber wohin geht ein melancholisches Kind in einer ostwestfälischen Kleinstadt, wenn es spazierengeht. Es geht von einer Leere in die nächste. Es geht die Hauptstraße des Ortes auf und ab, und wenn es älter ist, geht es in den Stadtpark und schließlich vor die Tore der Stadt und hinaus in die Landschaft. Allerdings gab es keine Tore der Stadt, es gab nur die Umgehungsstraße, und jenseits von ihr das Ende der örtlichen Bebauung und die sogenannte Landschaft, die in Wahrheit gar keine Landschaft war, sondern ein leerer Raum, der aus Wiesen, Weiden und einer Kläranlage bestand und irgendwann an die Umgehungsstraße eines anderen Ortes grenzte. Wenn das fernwehkranke Kind, das ich einst war, in diese Landschaft hinaustrat, dann wurde ihm ebenso eng, dann quälte es eine ebensolche Atemnot wie zwischen den Pappkartons in seinem Elternhaus. Wenn das Kind, das ich einst war, in die Landschaft jenseits der Umgehungsstraße hinauslief, um in die Welt einzutreten, dann war ihm, als würde es unter Wasser gedrückt. Also floh das fernwehkranke Kind die Ferne und kehrte zurück zu den Waren, dem Umsatz und den Werbeaufstellern.

Diese vollgestellte und zugleich ins Leere laufende Gegenwart ist beinahe alles, woran ich mich erinnere, wenn
ich mich an meine Kindheit erinnere. Virginia Woolf, die
ihre Kindheitssommer in Cornwall verbracht hat, wovon sie als Autorin ein Leben lang profitierte, erwägt in
einem ihrer Essays einen Moment lang, daß es auch anders hätte sein können: »Sich vorzustellen, ich könnte
nur an Surrey oder Sussex oder die Isle of White denken,
wenn ich an meine Kindheit zurückdenke!« Nicht aus-
zudenken. Hätte sie statt an Cornwall an Essex denken
müssen, dann wäre all das, was sie in ihrer »Skizze einer
Vergangenheit« notiert, nie zu erinnern gewesen: »(...)
hinter den gelben Rouleaus das Brechen der Wellen zu
hören, im Lugger zu segeln, im Sand zu buddeln, über die
Felsen zu kriechen und im tiefen, klaren Wasser dazwi-
schen die Seeanemonen zu beobachten, die ihre Fangfä-
den spielen ließen, um ab und zu einen der kleinen Fische
zu erwischen, die dort zappelten; im Eßzimmer vom
Schulbuch aufzuschauen und den Wechsel des Lichtes
auf den Wellen zu beobachten (...) Ich könnte Seiten mit
einer Erinnerung nach der anderen füllen, welche die
Sommer in St. Yves zum günstigsten Auftakt für ein
künftiges Leben machten.« Man glaubt es der – von Le-
bensglück ja nicht verwöhnten – Autorin unbesehen, daß
sie über beglückende Kindheitserinnerungen verfügt.
(Obwohl sie auch über Traumatisches wie Mißbrauchs-
erfahrungen zu berichten hätte.) Und man spürt zugleich, wie die Erinnerungstätigkeit selbst noch einmal
zu einer Glückserfahrung wird, wie sie sich schreibend,
so ihre Biographin Hermione Lee, »in ein besänftigendes
Lied der Freuden wiegt«. Wenn es so etwas wie Erinne-
rungsneid gibt, dann spüre ich ihn an Stellen wie diesen.
Wohl hatte ich eine Kindheit, und ganz gewiß habe ich

auch einmal im Sand gebuddelt oder in der Wohnküche vom Schulbuch aufgeschaut. Doch ist mir diese Gewißheit merkwürdigerweise verlorengegangen. Mich zu erinnern gehört nicht zu den Dingen, die ich gelernt habe. Die Erinnerung ist kein Familienerbe, obwohl sie beinahe das einzige ist, was die aus dem Osten vertriebenen Eltern hätten bei sich haben können, als sie sich in Westfalen niederließen. Denn sonst hatten sie nichts bei sich. Der kriegsversehrte Vater nicht mal mehr alle seine Gliedmaßen; und die damals vierundzwanzigjährige Mutter allenfalls ein Trauma, von dem ich erst vierzig Jahre später erfahren und in meinem Buch »Der Verlorene« erzählt habe. Die Eltern, die ich kennengelernt hatte, waren Eltern ohne Vergangenheit. Und das hieß für mich zuallererst: Eltern ohne Eltern. Wenn die Eltern kein Imperfekt haben, dann haben ihre Kinder kein Plusquamperfekt. Beides aber braucht man, um erzählen zu können. Es gab nichts, weder Personen noch Orte, worauf ich über meine Eltern hinaus zurückblicken konnte. Ich hatte keine Vorvergangenheit. Der familiäre Stammbaum, dessen Wurzelwerk idealerweise tief in die Erde und dessen Krone weit in den Himmel reicht, war in meinem Fall nur ein dürres Pflänzchen. Einen Großvater, eine Großmutter gab es nicht. Die Eltern kamen voraussetzungslos, im Wortsinne rückhaltlos aus der Tiefe des östlichen Raumes in das flache Westfalen. Wohl mit anderen Vertriebenen, aber ohne ihre Eltern oder gar Großeltern und auch ohne, wie mir damals schien, ein wirkliches Andenken daran. Alles, was gewesen war, schien ausgelöscht und brachte sich erst mit der Zeit und auf Umwegen erneut in Erinnerung. Wenn die Eltern Eltern ohne Eltern sind, dann sind sie auch Eltern ohne Kindheit. Daß der Mensch eine Kindheit hat, habe ich

ebenfalls nicht gelernt. Die Kindheit ist kein Familienerbe, nichts, das man weitergibt, nichts, von dem man erzählt, und nichts, das gewesen ist. Der Mensch ist ein
voraussetzungsloses und zugleich rückhaltloses Wesen,
das keine Kindheit hat und nichts erzählt. Der Mensch ist
ein Vertriebener, der aus dem Osten kommt. Oder, genauer: Der Mensch ist ein Vertriebener, der aus dem
Osten kommt und Angst vor dem Russen hat. Das ist in
aller Kürze mein Menschenbild. Ich habe es mit den Jahren natürlich modifiziert, aber im Grunde erweist es sich
als äußerst resistent gegen jede Lebenserfahrung und je-
des Dazulernen. Die Eltern haben sich, zumindest in
meiner Gegenwart, niemals mehr an ihre Kindheit erinnert. Und ich bezweifle, daß sie sich auch jeder für sich
oder gemeinsam an ihre Kindheit erinnert haben. Ich
muß auch heute immer noch davon ausgehen, daß sie
keine Kindheit hatten und daß sie auch selbst davon aus-
gingen, keine Kindheit gehabt zu haben. Die Eltern haben sich auch lange nicht an den Osten, den Krieg und an
die Vertreibung erinnert. Nicht etwa, weil sie vergeßlich
waren, sondern weil die Erfahrungen von Krieg und Vertreibung sich ihrer allzu stark bemächtigt hatten. Später
erst ist mir klargeworden, daß sie sich in gewisser Weise
auch gar nicht daran zu erinnern brauchten, weil sie die
Erinnerung waren. Besonders der Vater, der seinen rechten Arm auf einem russischen Schlachtfeld verloren hatte
und nun eine Prothese trug, war die Erinnerung an den
Krieg. Für ein Kind, das den eigenen Vater nur mit Arm-
prothese kennt, ist die Prothese allerdings keine Kriegs-
folge, sondern ein natürlicher Zustand. Wobei der
schwarze Lederhandschuh, der über die Kunsthand des
Vaters gestülpt war, für mich in gewisser Weise das Na-
türlichste am Vater war. Der Mensch, und speziell der

männliche Mensch, ist ein Wesen, das die eigenen Kinder so wenig wie möglich berührt. Was für mich die Konsequenz hatte, auch den Vater so wenig wie möglich zu berühren. Einzig seine künstliche Hand berührte ich, so daß wir gelegentlich beieinandersaßen und ich meine Hand auf seine Lederhand legte, die warm, weich und väterlich war. Auch die Mutter schien sich lange Zeit nicht an den Krieg und die Vertreibung zu erinnern. Und auch die Mutter war in gewisser Weise der Krieg und die Vertreibung. Auch ihr fehlte etwas, auch sie war kriegsversehrt nach Westfalen gekommen, wenngleich man es ihr nicht so ansehen konnte wie dem Vater. Ihr waren zwar keine Gliedmaßen abhanden gekommen, wohl aber der erstgeborene Sohn, mein ältester Bruder. Es muß angenommen werden, daß der Verlust des eigenen Kindes nicht nur einen seelischen, sondern auch einen körperlichen Schmerz auslöst. Daß er empfunden wird wie der Verlust eines Armes und daß er wie dieser nic zu kompensieren sein wird. Der Vater hatte immerhin eine Prothese, und die Medizin weiß heute, daß Prothesen den Phantomschmerz lindern. Die Mutter hatte keine Prothese. Ihr blieb offenbar nur die Möglichkeit, den Verlust des Kindes auszulöschen, indem sie das Kind selbst auslöschte und für tot erklärte. Der erstgeborene Sohn, mein ältester Bruder, galt vor uns Brüdern bis wenige Wochen vor dem Tod der Mutter im Jahr 1991 als tot. Doch auch für die Eltern selbst war der Erstgeborene irgendwann tot. Lieber tot als verlorengegangen. Sie zeugten drei weitere Söhne, stürzten sich manisch und bisweilen wahnhaft in die Arbeit, die »Lethe des Lebens«, mit Jean Paul zu sprechen, und wirkten so mit am Wirtschaftswunder, das sich wahrscheinlich, mehr als wir wissen, traumatischer Erfahrung und einem in Arbeit transfor-

mierten Auslöschungsimpuls verdankt. Der wirtschaft-
liche Aufbau der Nachkriegsjahre war, aus individual-
psychologischer Perspektive betrachtet, wohl sehr oft
wütende Abrißarbeit. Eine Bombardierung mit Arbeit,
ein umgekehrter Flächenbrand, der nun nicht mehr
Ruinen, sondern gut gefüllte Regale, wohlgenährte
Menschen und sauber asphaltierte Innenstädte hervor-
brachte. Auch das Geschäft der Eltern florierte, und die
nach dem Krieg geborenen Söhne entwuchsen dem Kin-
desalter. Doch eines Tages muß etwas geschehen sein,
daß alle Aufbau- und Auslöschungsarbeit wieder zu-
nichte machte. Es gibt einen bemerkenswerten Satz in
Hugo von Hofmannsthals nachgelassener Erzählung
»Soldatengeschichte«, in der es heißt: »Die Erinnerungen der Kindheit lagen entblößt in seinem erschütterten
Gemüt, wie Leichen, die ein Erdbeben emporgeschüttelt
hat.« So ähnlich muß es wohl auch den Eltern mit ihren
Kriegs- und Fluchterinnerungen und den Erinnerungen
an ihren verlorenen Sohn gegangen sein. Ich weiß nicht,
was für ein Erdbeben im Jahr 1959 stattgefunden hat.
Aber ganz offensichtlich war der verlorene, für tot erklärte Sohn plötzlich aus seiner Unterwelt aufgetaucht,
hatte den Lethestrom ein zweites Mal überquert und war
aufgestiegen in die erschütterte Erinnerung der Eltern.
Die Wunde, die sich nie geschlossen hatte, begann aufs
neue zu schmerzen. Anders ist es nicht zu erklären, daß
sich der Vater zusammen mit der Mutter im September
1959 in das Büro eines Stadtoberinspektors und Amts-
vormundes namens Nolte begab, um die Suche nach dem
verlorenen Erstgeborenen erneut aufzunehmen und fol-
gende Erklärung protokollieren zu lassen: »Ich stamme
aus Ostpreußen und übernahm während des Krieges als
Schwerkriegsbeschädigter die Bewirtschaftung eines

landwirtschaftlichen Hofes in Rakowiec. Dort lernte ich
meine Ehefrau, die Erschienene zu 2, kennen. Wir heira-
teten 1942. Aus unserer Ehe ging das genannte Kind
Günter Treichel, geb. 24.9.1943, hervor. Beim Heran-
rücken der Roten Armee im Januar 1945 mußten wir un-
seren Hof verlassen und schlossen uns mit anderen
Deutschen zu einem Treck zusammen. Wir hatten die
Flucht jedoch erst so spät antreten können, daß wir von
der vorrückenden Armee praktisch überrollt wurden.
Die Situationen, in die wir dann kamen, lassen sich im
einzelnen kaum schildern. Unser Leben war wiederholt
bedroht, nur mit Mühe und Not entrannen wir dem
Tode durch Erschießen. Aus einer solchen Situation heraus waren wir dann gezwungen, unter Zurücklassung
unserer gesamten Habe und unseres Kindes, das auf einem Pferdewagen verblieb, zu flüchten, um uns vor dem
Erschossenwerden zu retten...« Es gibt einen Satz in
dieser Erklärung, der für mich eine Schlüsselbedeutung
hat. »Die Situationen, in die wir dann kamen, lassen sich
im einzelnen kaum schildern.« Dies war die durch
Schockerfahrungen gewonnene Überzeugung der Eltern, und sie taugt ganz und gar nicht zu einer poetologischen Maxime. Aber in ihr spricht sich genau das aus,
was der Kriegsgeneration an Möglichkeiten zur Verfü-
gung stand. Versprachlichung gehörte nicht dazu. Was
nicht heißt, daß in meinem Elternhaus eine einödbauern-
hafte Stummheit herrschte. Im Gegenteil: Es wurde geredet, es wurde sogar ziemlich viel geredet, und phasenweise, wenn die Zeit es erlaubte, wurde sogar unablässig
geredet. Besonders wenn andere Flüchtlinge oder Ver-
triebene sich im Laden oder der Wohnküche aufhielten,
was oft genug vorkam. Aber dieses Reden war keines,
das Informationen über die erlebten Schrecken enthielt,

obwohl es für mich, den kindlichen Zuhörer, sehr wohl
von Vergangenheit erfüllt war. Denn die ostpreußischen,
schlesischen, pommerschen Freunde und Bekannten der
Eltern waren ganz ohne Zweifel Vergangenheitsmen-
schen. Ihr Dialekt, aber auch ihre Kleidung und die alter-
tümliche Höflichkeit, mit der sie einander begegneten,
zeigten mir, daß sie nicht nur nicht von hier waren. Sie
waren auch nicht von heute. Sie waren aus dem Osten
und von gestern. Es waren Menschen, die um des Spre-
chens willen miteinander sprachen. Das, was sie sich zu
sagen hatten, das war das Sprechen selbst. Die Vertriebenen und Flüchtlinge in der Wohnküche meiner Eltern
sagten die Dinge nicht einmal, sondern wenigstens drei-
mal, oft genug aber noch öfter. Die Flüchtlinge und Vertriebenen wiederholten sich ständig. Heute glaube ich zu
wissen, daß sie redeten, um den Schrecken zu bannen. Es
war immer noch Nacht um sie, und sie mußten ihre Stimmen hören, um sich zu orientieren. Doch wenn sie einmal nicht redeten, dann verstummten sie. Dann konnten
sie für lange Zeit schweigen. Manche schwiegen so lange,
bis sie einschliefen, was aber niemanden störte. Auch
mein Vater schlief zwischendurch gelegentlich ein. Die
historische Erfahrung war so kräftezehrend gewesen,
daß die Menschen in meiner Umgebung bis weit in die
sechziger Jahre hinein immer noch zwischendurch einschliefen. Und wenn sie wieder erwachten, dann sah man
ein Erschrecken in ihren Augen, als hätten sie eine Sünde
begangen.

Eines Tages im Jahre 1959 sind auch die Eltern mit einem
Erschrecken aus einem vierzehnjährigen Verdrängungs-
zustand erwacht und haben beschlossen, ihr verlorenes
Kind zu suchen. Ohne Wissen der Söhne und am Ende er-

folglos brachten sie eine Odyssee abstammungsbiolo-
gischer und anthropologischer Gutachten hinter sich.
Diese sollten den erbbiologischen Nachweis erbringen,
daß sie die leiblichen Eltern eines Findelkindes waren,
welches sie mit Hilfe des Suchdienstes in einem ostwestfälischen Kinderheim aufgespürt hatten. Das Findelkind
hatte das Alter meines ältesten Bruders und war zur glei-
chen Zeit wie dieser auf einem Flüchtlingstreck abhanden
gekommen, so daß die Eltern sehr bald fest davon überzeugt waren, daß es sich um ihr leibliches Kind handelte.
Ich wage es nicht, mir auszumalen, was geschehen wäre,
wäre der Nachweis gelungen und dieses Kind in unsere
Familie aufgenommen worden. Nach der Katastrophe
des Krieges und nach der Katastrophe der Flucht wäre es
nun zur Katastrophe der Familienzusammenführung gekommen. Schon wir Brüder lebten phasenweise in einer
gespannten Brüderkonkurrenz. Schon wir, die wir uns
sozusagen von Anfang an kannten, waren in der Lage, die
jeweils anderen wie unerwünschte Eindringlinge zu betrachten. Was wäre wohl dem vierten, ältesten und wahr-
haft fremden Bruder geschehen? Zumal er als Verlorener
und Wiedergefundener privilegiert gewesen wäre. Aus-
gezeichnet mit der Weihe des Trennungstraumas und mit
der Gnade der Reinkorporation in den Familienleib. Ich
jedenfalls hätte ihm, so befürchte ich im nachhinein, ein
weiteres Trauma zu bereiten versucht. Ich hätte ihm nicht
verziehen, daß er ein Verlorener war. Und ich hätte ihm
noch weniger verziehen, nun ein Wiedergefundener zu
sein. Doch zu alledem ist es nicht gekommen, weil ich
weder wußte, daß der Bruder verloren war, noch daß die
Eltern ihn suchten. Und ich wußte damals auch nicht,
daß ich mich mit meinem zu erwartenden Bruderhaß in
guter Gesellschaft befunden hätte. Findet sich doch bei

Sigmund Freud der – Edmund Hitschmann zugeschriebene – Satz: »Auch der kleine Goethe hat ein Brüderchen
nicht ungern sterben gesehen.« Nichts zu wissen heißt
freilich nicht, der Prägung durch das, von dem man nichts
weiß, zu entgehen. In meinem Fall war es die Prägung
durch das in der Familie immer anwesende Gefühl von
Schuld und Scham. Allerdings wußten die Eltern, wofür
sie sich schämten und warum sie sich schuldig fühlten.
Ich wußte es nicht. Ich spürte ebenfalls eine Schuld und
eine Scham, doch waren diese Empfindungen objektlos.
Was ich spürte, waren Schuld und Scham als solche. Darüber hinaus lernte ich in der Familie nicht nur, bedrückt
von etwas zu sein, was es nicht gab. Hier lernte ich auch,
daß man sich auf selbstverzehrende Weise nach etwas
sehnen konnte, das offensichtlich nicht existierte. Ich
lernte nicht nur, gegenstandslose Schuld und gegenstandslose Scham zu empfinden, ich lernte auch, daß es so
etwas wie objektlose Sehnsucht gibt. Sehnsucht als solche. Ich spürte, daß die Eltern und speziell die Mutter sich
sehnten, aber ihre Sehnsucht griff weit über mich hinaus
in eine dunstige Ferne. Daß die Eltern sich nicht nach mir
sehnten, verstand sich von selbst. Ich war ja da. Obwohl
es mir gefallen hätte, wenn sie sich nach mir gesehnt hätten. Dann wäre ich noch lieber dagewesen. Es muß ein
mimetischer Impuls gewesen sein, daß auch ich damit begann, mich zu sehnen. Wenn die Eltern, nachdem die
Ware gestapelt und das Geld gezählt war, abends beisam-
mensaßen, um den Feierabend zu genießen, dann genossen sie nicht, sondern sehnten sich. Und wenn ich – meist
schweigend – bei ihnen saß, dann sehnte auch ich mich.
Ich wußte nicht, wonach die Eltern sich sehnten. Und ich
wußte erst recht nicht, wonach ich mich sehnte. Lange
Zeit nahm ich an, daß die Eltern sich nach dem Osten

sehnten. Zumal eines Tages ein Buch in unserem Haushalt auftauchte, was nicht sehr oft passierte. Das Buch
hieß »Menschen, Pferde, weites Land«, sein Verfasser
war Hans Graf von Lehndorff. Lehndorffs Buch lag viele
Monate, ohne von den Eltern angerührt zu werden, auf
dem Wohnzimmertisch, bevor es in die Glasvitrine gestellt wurde. Ich aber blätterte in dem Buch, sah mir die
Photos an und begann schließlich zu lesen. Der Osten in
dem Buch beeindruckte mich. Es war eine Gegend, in der
die Menschen in Gutshäusern mit Parks, Alleen und blü-
henden Sträuchern oder auf Gestüten lebten. Die Kinder
badeten in Seen und sonnten sich auf hölzernen Stegen,
wenn sie nicht durch Wälder und über Feldwege ritten.
Besonders hatte mich beeindruckt, daß im Osten die
Pferde den Kindern zum Geburtstag gratulierten. In einem Kinderlied, das dem Bruder des Autors zum Geburtstag gewidmet war, hieß es: »Alle Pferde groß und
klein/wollen beim Gratulieren sein.« Nachdem ich in
dem Buch und speziell diese Verse gelesen hatte, war ich
mir sicher, daß sich die Eltern nach dem Osten sehnten.
Ich war mir aber auch sicher, daß ich mich selbst nicht danach sehnte. Pferde bedeuteten mir nichts, ich kannte
kein einziges persönlich, und auf die Vorstellung, daß mir
die Tiere, die auf Ostwestfalens Weiden herumstanden,
zum Geburtstag gratulierten, reagierte ich eher panisch.
Der Osten sagte mir ebensowenig wie mir Ostwestfalen
sagte, was ja auch eine Art Osten war. Ich sehnte mich
nicht nach einer verlorenen Heimat. Ich sehnte mich aber
sehr wohl nach der Erfüllung einer Leere, die meine
Kindheit war. Und zugleich mußte ich feststellen, daß
diese Sehnsucht sich mir als eine Art Heimweh vermit-
telte. Als Heimweh ohne Heimat. Ein Gefühl, von dem
Eichendorff sagt: »Ich kenne diese trostlose Öde junger

Seelen gar wohl, das Heimweh ohne Heimat, diese laby-
rinthische Selbstquälerei.« In all der – von unverarbeite-
ter Vergangenheit geradezu dröhnenden – Leere spürte
ich plötzlich ein Heimweh, das sich auf seltsame Weise
mit meinem gescheiterten Fernweh vermischte und
ebenso wie dieses mit keinerlei Ziel- oder Raumvorstel-
lung verbunden war. Ich hatte zielloses Fernweh, ich
hatte ortloses Heimweh, und ich hatte außerdem – als
wäre ich schon als Kind Nietzscheaner gewesen – ein
schlechtes Gewissen. Nietzsche nennt das schlechte Gewissen eine »tiefe Erkrankung«, die den Menschen befiel,
seit er seine Tierexistenz abgeschüttelt hat, seit er an Land
gegangen beziehungsweise von den Bäumen herabgestie-
gen war und seine nun unbrauchbar gewordenen In-
stinkte durch Bewußtsein und Verinnerlichung ersetzen
mußte. Nietzsches Darstellung des vom schlechten Gewissen gepeinigten Menschen als eines in den Käfig ge-
sperrten, sich wundstoßenden Tieres, das sich ungeduldig selbst zerreißt, verfolgt, annagt und aufstört, mag als
Übertreibung empfunden werden. Mir ist sie unmittelbar
plausibel, als ich in ihr das Drama des in die Gewissens-
nöte seiner zerquälten Eltern eingesperrten Kindes ent-
decke. Das sich selbst annagende Tier, das ist auch das
zwanghaft daumenlutschende, nägelkauende, Kopfhaare
und Lippenhaut ausreißende, zähneknirschende Kind.
Das Kind wäre gern, mit Nietzsche zu reden, wild, frei
und schweifend gewesen; doch statt dessen mußte es mit
dem Virus des schlechten Gewissens infiziert werden.
Ein Virus, das wiederum die »größte und unheimlichste
Erkrankung« einleitet, von welcher die Menschheit bis
heute nicht genesen ist und die Nietzsche »das Leiden des
Menschen am Menschen«, die Leiden des Menschen »an
sich« nennt.

II. Berlin – Terra incognita

Es ist dies das Erbteil, es sind dies die Bildungsvoraussetzungen, welche das Kind mitbringt: zielloses Fernweh, heimatloses Heimweh, schuldlose Schuld und eine Obsession von der Welt als einer Leere, die vollgestopft ist mit Verpackungsmaterial. Eine trübe Mischung, die, zusammengenommen, den Menschen als ein sich selbst annagendes Wesen ergibt. Nicht unbedingt die beste Grundlage für einen heiteren Bildungsroman, doch beinahe schon eine Definition dessen, was für mich das Schreckbild eines Schriftstellers ausmacht. Bevor wir aber ans Schreiben denken können, kam es für das in die Leere gestellte Kind darauf an, zu Objekten zu kommen. Und damit zur Welt. Was unter anderem hieß: dem Fernweh ein Ziel geben, dem Heimweh einen Ort, der Erfahrung einen Gegenstand und dem schlechten Gewissen eine Schuld. Letzteres war noch das einfachste. Das Kind brauchte nur an den Gitterstäben seines Laufstalls zu rütteln, schon hatte es seine Schuld. Von anderen und später hinzugekommenen Vergehen wie Lügen, sündigen Gedanken, gestohlenen Groschen und nur halb gebeteten Gebeten gar nicht zu reden. Und natürlich auch nicht von all den Rohheiten und Verfehlungen der Pubertät und Adoleszenz. Die Adoleszenz und vor allem Pubertät überspringe ich – beides ist mir sozusagen immer noch peinlich. So peinlich, daß ich mich gelegentlich gedrängt fühle, darüber etwas zu schreiben. Noch aber halte ich diesem Drängen stand. Wenn ich über die Kindheit gesagt habe, daß da nichts war und daß die Erfah-

rung der Leere zu meiner prägendsten Kindheitserfahrung gehört, dann muß ich über die Pubertät sagen, daß
da ebenfalls nichts war. Allerdings war während der Pubertät zu diesem Nichts etwas Spezielles hinzugekom-
men, was schließlich doch eine Zuspitzung der Situation
mit sich brachte: die erwachende Sexualität. Wobei das
Wort »erwachend« hier eine Wendung von sozusagen
privatdozentenhafter Höflichkeit und Zurückhaltung
ist. Das Erwachen war in Wahrheit gar kein Erwachen,
sondern eine Art Libidoschlag ins Gesicht des gänzlich
unvorbereiteten Knaben. Oder, um es nicht ganz so ge-
waltsam zu formulieren: das Aufschrecken durch den
Daueralarm eines nicht mehr abzustellenden Weckers.
Daueralarm in Ostwestfalen.

Ich will es bei diesem Hinweis belassen und setze während der ersten Studienjahre und dort wieder ein, wo an
die Stelle von Heimweh und Fernweh die Namen zweier
Städte gerückt waren und für lange Zeit an dieser Stelle
bleiben sollten: Berlin und Rom. Genauer: Westberlin einerseits und andererseits die Gegend um den Campo de'
Fiori und die um die Piazza Bologna, wo sich die Villa
Massimo befindet. Als ich in Westberlin mein erstes Zimmer in der Charlottenburger Mommsenstraße bezogen
hatte, spürte ich wohl, daß dies keine Heimat war. Aber
es war – alles in allem – die vorerst beste Heimatlosigkeit,
die ich mir vorstellen konnte. Das Zimmer war das hin-
terste Zimmer im Dienstbotentrakt einer Berliner Alt-
bauwohnung, die einer verwitweten Dame gehörte. Die
Dame hatte zusammen mit ihrem Mann einen Großhandel für Modeschmuck und Damenwäsche geführt, und
zur Spezialität meines Zimmers zählte die Tatsache, daß
ihm ein weiteres Zimmer vorgelagert war, welches als

Depot für den verbliebenen Modeschmuck und die ver-
bliebene Damenwäsche diente, die die Vermieterin offensichtlich nicht losgeworden war. Alles war in Hunderten
und bis an die Decke gestapelten Pappschachteln ver-
staut, durch die ich wie durch eine Passage hindurch-
gehen mußte, um in mein Zimmer zu gelangen. Die Situation wäre hervorragend geeignet gewesen, um ohne viele
Umstände an das Pappkartonmotiv meiner Kindheit an-
zuschließen und das Charlottenburger Pappschachtel-
lager in irgendeiner Weise neurotisch zu nutzen. Doch
ich nutzte es nicht neurotisch, sondern ging durch das
Pappschachtelzimmer weitgehend unangefochten hindurch. Die Kartons betrübten mich nicht. Auch Westberlin betrübte mich nicht. Obwohl ich nicht übersehen
konnte, daß die Stadt vor allem groß und grau und nicht
besonders ansehnlich war, erleichterte es mich, in Westberlin zu sein. Ich kann allerdings nicht behaupten, daß es
die Westberliner Wohnungen waren, die viel zu dieser Erleichterung beigetragen hatten. Die Westberliner Wohnungen hatten damals durchaus noch Zille-Standard.
Hier konnte man Armut simulieren, wenn man als Stu-
dent aus mittelständischem Elternhaus kam. Kam man
aus einem eher armen Elternhaus, dann durfte man sich
hier um noch einiges ärmer fühlen. Arm fühlte ich mich
beispielsweise, trotz der inzwischen mittelständisch gewordenen Herkunft, in meiner Tiergartener Wohnung,
die ich als Untermieter mit einem Hauptmieter teilte und
bei der es sich um eine Dreizimmerwohnung handelte,
die allerdings als Zweizimmerwohnung vermietet worden war. Das dritte und schönste Zimmer, das einen
Balkon mit Blick zum Spreeufer hatte, war aus bau-
polizeilichen Gründen gesperrt. Wobei mein Vermieter
behauptete, daß in Wahrheit nicht das ganze Zimmer,

sondern nur ein Teil des Zimmers gesperrt sei. Das konnte man unter anderem daran sehen, daß die Baupolizei zwei – die zum Balkon und zu den Fenstern hin gelegenen – Drittel des Zimmers durch ein rotweißes Absperrband abgetrennt hatte. In dem ungesperrten Teil befand sich der Kachelofen, und es wäre theoretisch und auch aus baupolizeilicher Sicht ohne weiteres möglich gewesen, den Kachelofen zu heizen. Wir taten es nicht und beheizten die bewohnbaren Räume ganz problemlos mit elektrischen Heizspiralen, wodurch sich die Kosten für mein Zimmer ungefähr verdreifachten, was ich mir eigentlich nicht leisten konnte. Mein Vermieter dagegen, ein BWL-Student mit unternehmerischem Selbstentwurf, konnte es sich leisten, denn er hatte gerade die Lizenz für den Vertrieb spezieller Schuhe übernommen, die es in Westdeutschland und Berlin bisher nicht gegeben hatte und die bald darauf zum Verkaufsschlager wurden. Bei den Schuhen handelte es sich um Modelle, die so gebaut waren, daß die Ferse tiefer lag als die Zehen, was besonders gesund sein sollte. Ich hatte allerdings immer das Gefühl, daß man in diesen Schuhen beständig bergauf ging, selbst dann noch, wenn man leicht bergab ging. Doch weder baufällige Zimmer, Außentoiletten mit vier verschiedenen und namentlich gekennzeichneten Klopapierrollen oder Schuhe, in denen man nur bergauf gehen konnte, verleideten mir die grundsätzliche Erleichterung, in Berlin zu sein. Auch der Berliner selbst, der ja sozusagen die Sollbruchstelle für die Berliner Verkehrsformen darstellt, konnte mir im Grunde nichts anhaben. Weder der Berliner Kellner noch der Berliner Hauswart, nicht der Berliner Platzwart und auch nicht der Berliner Busfahrer oder der Berliner Bademeister, obwohl sie allesamt zu meinen Angstgegnern zählen. Allerdings, das muß ich einräumen, hat sich das Verhalten des Berliners mit den Jahren gewandelt. Lange Zeit war der Berliner ein Mensch, der immer darauf aus ist, niemanden mit irgendwelchen Höflichkeitsfloskeln zu belästigen. Ging man in einen Zeitungsladen und sagte »Guten Tag« oder »Bitte sehr«, dann konnte man sicher sein, nicht mit langen Gegenreden aufgehalten zu werden. Gleiches galt für Wurstbuden, Linienbusse, Kinokassen und Kneipentresen. Auf ein »Guten Tag« oder ein »Danke« folgte in neunundneunzig Prozent aller Fälle so gut wie keine Reaktion. Ich hatte das immer als typisch berlinerisch verstanden, mich daran gewöhnt und auch mir selbst einen ökonomischen Umgang mit Höflichkeitsfloskeln angewöhnt. Doch eines Tages war es damit zu Ende. Es muß irgendwann in den frühen achtziger Jahren gewesen sein, als ich gerade einen Zeitungsladen grußlos verlassen wollte und mir aus heiterem Himmel ein Satz nachgerufen wurde, der mich seitdem wie ein Schnupfenbazillus verfolgt. Der Satz lautete: »Einen schönen Tag noch!« Ich erinnere mich, wie ich zusammenzuckte, als hätte mir jemand einen leichten Handkantenschlag ins Genick versetzt, und wie ich mich, während ich schon mit einem Fuß aus dem Laden herausgetreten war, noch einmal umdrehte. Doch ich sah nichts als den Zeitungsmann, der hinter dem Tresen stand und mir in bester Laune förmlich nachstrahlte. Glücklicherweise hatte sich die neue Berliner Freundlichkeit auf die Verkäufer, Bankangestellten und Kioskbesitzer beschränkt. Kellner, Bademeister, Platzwarte oder Kartenabreißer blieben weiterhin mürrisch und unwirsch, wie ich es von ihnen gewohnt war.

Wunderbarerweise konnte ich vieles von dem, was mir in Ostwestfalen äußersten Leidensdruck bereitet hätte, in

Berlin leichthin ertragen. Der Berliner hatte keine Macht
über mich, weil Ostwestfalen – mit anderen Worten:
meine Kindheit – in Berlin keine Macht über mich hatte.
Dies aber verdankte sich vor allem der Tatsache, daß
Westberlin von einer Mauer und einem sich daran
anschließenden Korridor, genannt DDR, umgeben war,
der mich vor Ostwestfalen und vor meiner Kindheit
schützte. Die Mauer war mein antiwestfälischer Schutz-
wall. Wenn ich nach Westberlin fuhr, mußte ich meinen
Paß vorzeigen. Der nach Westberlin verzogene Ostwestfale war plötzlich ein Grenzüberschreiter, der seinen Paß
vorzeigen mußte. Ein im weltpolitischen Ausnahmezu-
stand Lebender, der sich nun endgültig den Stallmist von
den Schuhen kratzte. Und ebenso empfanden auch
meine Berliner Freunde und Bekannten, ob es sich nun
um Westfalen, Hessen oder Schwaben handelte. Sogenannte echte Berliner, wenn es sich nicht um Hauswarte,
Platzwarte, Kellner, Bademeister oder Busfahrer handelte, kannte ich nicht. Die kamen höchstens in der
»BZ«, bei den »Stachelschweinen« oder in der »Abendschau« vor, nicht aber im wirklichen Berliner Leben.
Und Ostberliner kannte ich natürlich erst recht nicht.
Von einigen Verwandten einmal abgesehen, aber das waren auch nur Zugezogene oder ehemals Eingewiesene.
Ostberlin war Teil des Korridors, Teil der Pufferzone,
die dazu diente, den Raum zwischen mir und meiner
Kindheit so gut wie möglich abzudichten. Westberlin
schützte mich vor meiner Kindheit vor allem insofern,
als es mich vor der Leere schützte. Erst später ist mir klar
geworden, wie leer auch Berlin damals war. Bin ich nicht
mit den Freunden des öfteren übermütig und zuweilen
von Marihuana benebelt im offenen VW und zur besten
Tageszeit um die Siegessäule gefahren, wieder und wie-

der, Dutzende Male, ohne einem einzigen Auto zu begegnen? Habe ich nicht ganze Sommernachmittage im Straßencafé Mommsenstraße, Ecke Bleibtreustraße verbracht und in die vor Hitze flimmernde Straßenschlucht geschaut, die mir damals mit ihren Gründerzeitfassaden und Kastanienbäumen unendlich urban und großstädtisch vorkam und in der keine Menschenseele zu entdecken war? Nur gelegentlich machte sich der Hausmeister von gegenüber an den Mülltonnen zu schaffen, führte eine Dame den Hund aus oder kreuzte mein bärtiger Etagennachbar auf seinem Damenfahrrad den Weg, mir ein sommerlich gelassenes »Venceremos!« zurufend. Dann herrschte wieder die Leere auf der Mommsenstraße, nur ein paar Schritte vom Kudamm entfernt. In Berlin lernte ich, die Leere zu lieben. Sie beruhigte mich und hatte nichts Panisches, wie die westfälische Leere, die mir Atemnot bereitete, mich gelegentlich auch in Erstickungsangst versetzte, als sollte ich es endlich Goethe nachtun und blau anlaufen. Die Berliner Leere war dagegen ein sicherer Ort, an dem ich mich angstlos aufhalten konnte. Sie war eine Leere ohne Tod und mit Perspektive. Keine verschraubte und vernagelte Leere wie die westfälische, sondern ein Durchgangs- und Schwellenraum. Die Berliner Leere hatte ihre architektonische Entsprechung im Berliner Zimmer, das einmal seine Funktion gehabt haben mochte, zur damaligen Zeit aber nicht sinnvoll, das heißt ökonomisch, zu nutzen war. Weder von der Kleinfamilie noch von der studentischen Wohngemeinschaft. Das Berliner Zimmer stand leer, bildete aber das Zentrum der Wohnung. Niemand hielt sich hier längere Zeit auf, aber jeder ging hindurch. Ich bin in Westberlin durch zahlreiche Berliner Zimmer hindurchgegangen, ebenso wie ich dort durch zahlreiche Erfah-

rungen, durch Freundschaften, die Liebe, das Studium
hindurchgegangen bin, was natürlich kein Hindurchge-
hen, sondern bereits das Leben war. Doch weiß man in
Lebensdingen oft erst hinterher, daß die Probe schon die
Premiere, die Passage schon der Zustand ist. Ebenso wie
ich erst hinterher wußte, daß der Zustand nur eine Passage war: gemeint ist Westberlin. Ein Blick in meinen
»Vorläufigen Personalausweis« hätte genügt, um das Bewußtsein an das Provisorium Westberlin wachzuhalten.
Doch ich faßte den Eintrag wörtlich auf und betrachtete
nur den Personalausweis als vorläufig, nicht aber die
Stadt und ihren Status. Das Unbewußte, heißt es, kennt
den Tod nicht. Mein Unbewußtes kannte auch den Fall
der Mauer und die deutsche Wiedervereinigung nicht.
Westberlin war ewig, mußte ewig sein, solange Westdeutschland ewig war und der panische Leerraum meiner Kindheit. Ich war froh, in einem stacheldrahtum-
zäunten, also sicheren Bezirk zu leben. Der Feind blieb
draußen. Mich beruhigte die Gewißheit, daß ich, wohin
ich auch ging, immer an eine Grenze stieß. In Ostwestfalen konnte ich an klaren Tagen gelegentlich über alle
Ortsgrenzen hinweg bis zum Teutoburger Wald sehen.
Doch was sieht der Mensch, wenn er den Teutoburger
Wald sieht? Ich sah eine Art Mittelgebirgsleere, ein weiteres Erfahrungsloch, das vorgab, eine Erhebung zu sein.
In Ostwestfalen konnte ich bei schönem Wetter einen
Ausflug machen. Doch wohin führte mich der Ausflug?
Entweder nach Bielefeld oder Gütersloh. In Westberlin
dagegen konnte man auch an klaren Tagen nicht sehr
weit sehen. Und wenn ich doch einmal in Grenznähe
ging, um über die Stadtgrenze hinauszublicken, dann sah
ich sehr bald in ein auf mich gerichtetes Fernglas. Daß ich
an der Stadtgrenze von den Grenzern beobachtet wurde,

störte mich nicht sonderlich. Es war mir höchstens ein wenig peinlich. Doch neben der Peinlichkeit gab es mir auch das Gefühl historischer Gegenwärtigkeit. Meine Grenznähe hatte sozusagen historische Brisanz. Das Gefühl dieser Brisanz verstärkte sich noch, als ich von Charlottenburg nach Kreuzberg zog und nun in Mauernähe lebte. Jetzt hatte auch mein Weg zum Briefkasten historische Brisanz, denn er war es den Grenzern wert, mit dem Fernglas beobachtet zu werden. Was wollte ich mehr. Ich lebte in historischer Indifferenz und war doch historisch bedeutsam. Die spezielle Westberliner Situation erlaubte es einem melancholischen, geschichts- und beinahe ichlosen Ostwestfalen, sich lebendig und zeitgeschichtlich präsent zu fühlen. Ein hoher Preis, ließe sich einwenden: Ein ganzes Land einschließlich Hauptstadt zu halbieren und ein halbes Volk einzusperren, nur damit ein verstockter Ostwestfale ein Geschichtsgefühl hat. Aber um eine historische Betrachtung geht es hier nicht; es geht einzig um Lebenserfahrungen und Wahrnehmungsweisen, die irgendwann in den Vorsatz münden, sich dem eigenen Selbst sowie der Welt vorzugsweise schreibend zu nähern. Es geht um die Erschaffung des Autors aus dem Geist der Leere. Die westfälische Leere hatte mich schweigend gemacht. Die Westberliner Leere erlaubte es mir, ein Tagebuch zu beginnen, in dem ich bald, nachdem ich am Protokoll meines Alltags gescheitert war, erste Gedichte notierte. Ich war durch das Berliner Zimmer hindurchgegangen und beim Gedichteschreiben angekommen. Ich bin dann noch viele Male durch das Berliner Zimmer hindurchgegangen, um auch beim Prosaschreiben anzukommen. Allerdings vergeblich. Entweder ich verstummte gänzlich, oder aber die Zeilen brachen mir gleichsam unter der Hand weg und

reihten sich eigenmächtig zu Gedichtzeilen auf. Die
Lyrik hatte ich gefunden, ohne nach ihr gesucht zu haben. Die Prosa mußte ich suchen, und ich tat dies zuerst
als Leser und Germanistikstudent. Wobei ich als Germanistikstudent für längere Zeit nicht die Prosa fand, sondern die Sekundärliteratur. Und dies nicht etwa zu meinem Mißvergnügen. Im Gegenteil: Die Theorielastigkeit
und der Soziologismus der Germanistik der siebziger
und frühen achtziger Jahre kamen mir entgegen. Ich las
und lebte nach dem Motto: Je mehr Fußnoten, desto besser. Lieber noch als Literatur las ich Literatur über Literatur. Lieber als einen Kafka-Roman las ich eine Kafka-
Biographie. Lieber als eine Thomas-Mann-Erzählung einen Aufsatz über Thomas-Mann-Erzählungen. Lieber
als ein Rilke-Gedicht eine Bibliographie mit Angaben zu
Rilke-Interpretationen. Auch heute noch, ich gestehe es,
begebe ich mich regelmäßig in die Leipziger Universi-
tätsbibliothek oder in den Lesesaal der Freien Universität einzig zu dem Zweck, im jeweils neuesten Band von
Eppelsheimers und Köttelweschs »Bibliographie der
deutschen Sprach- und Literaturwissenschaft« zu lesen.
Das Geheimnis des Schreibens und der Literatur teilte
sich mir dort freilich nicht mit. Der verborgene Raum
des Schreibens konnte sich mir, wenn überhaupt, nur in
actu, nur schreibend offenbaren. Insofern bin ich auch
durch ein Berliner Zimmer namens »Literaturwissenschaft« hindurchgegangen, um am Ende eine unschein-
bare Kammer in der Nähe der Küche zu beziehen.
Schließlich braucht es zum Gedichteschreiben keinen
Salon. Dem Lyriker genügt der Dienstmädchenbereich.
Wenn ich dort, in der sprichwörtlichen Kammer, die natürlich wechselte und auch mal ein Wohngemeinschafts-
zimmer oder ein Neubauapartment sein konnte, Ge-

dichte schrieb, dann war ich insofern in meinem Element, als die Lyrik es mir erlaubte, die Welt in Ausschnitten und bruchstückhaft zu betrachten. Die Defizienz der Wirklichkeitswahrnehmung, die ich als familiäres Erbe mit nach Berlin gebracht hatte, verbündete sich außerordentlich gut mit der lyrischen Gattung. Man kann mit Gedichten keine Welten erschaffen. Aber man kann der Welt einzelne Splitter entnehmen und diesen Bedeutung verleihen. Das Schreiben eines Gedichts läßt sich darum auch negativ definieren: als Arbeit des Ausblendens, Verschweigens und Nicht-Sehens; als ein Schließen der Lider bis auf einen schmalen, lichtdurchlässigen Spalt. Dieser schmale, lichtdurchlässige Spalt hat mir lange Zeit genügt. Für das Gedicht und wohl auch für Berlin. Wo konnte man besser an der Wirklichkeit vorbeileben als im gewissermaßen realsymbolischen Zustand des geteilten Berlin. Einerseits habe ich in Berlin während beinahe dreißig Jahren vieles nicht gesehen, was ich eigentlich hätte sehen müssen, um andererseits zugleich von irgendeinem Detail oder Ort wie besessen zu sein: Die Krumme Lanke kannte ich lange nicht, hatte aber schon unzählige Male den Grunewaldsee umrundet, noch immer über das märkische Landschaftsbild staunend, diese Nachbildung eines Gemäldes von Walter Leistikow, oder über das krumme und kurfürstliche Kopfsteinpflaster im Hof des Jagdschlosses Grunewald. Wohl hatte ich meine Stammplätze und ging meine festen Pfade, doch war es zugleich nicht ausgeschlossen, daß ich mich in einem überschaubaren Viertel wie Friedenau, in dem ich beinahe zehn Jahre gelebt hatte, noch immer verlief. Beides freilich kann für einen Lyriker durchaus sinnvoll sein: sowohl die ›Fähigkeit‹, die Fülle und Komplexität der Welt zu negieren und sie gegebenenfalls der

Wahrnehmung eines Details zu opfern, als auch die
›Kompetenz‹, sich im eigenen Haus zu verirren. Das
Nichtsehen, davon bin ich überzeugt, kann ein durchaus
produktives Moment literarischer Wahrnehmung sein.
Zu den Dingen, die ich in Berlin viele Jahre nicht gesehen
habe, gehört zum Beispiel die Pfaueninsel. Ich hatte be-
stimmt schon zwanzig Jahre in Berlin gelebt, ohne die
Pfaueninsel gesehen zu haben. Und ich hatte an dem Tag,
als ich zum erstenmal die Fähre am Ende des Nikolskoer
Weges nahm, um die wenigen Meter zur Insel hinüber-
zusetzen, das unbehagliche Gefühl, ich würde mich nun
einer zukünftigen Möglichkeit, wenn nicht der Zukunft
überhaupt berauben. Denn ich befürchtete, daß Erfahrung Verarmung bedeutet. Ich hätte mir die Pfaueninsel
gern ›offen gelassen‹, so wie ich mir auch andere Dinge in
Berlin offen gelassen habe. Ich habe zum Beispiel erst
Ende der neunziger Jahre und anläßlich des Besuches der
Love Parade zum erstenmal die Mittelinsel auf dem
Ernst-Reuter-Platz betreten. Ich hatte mir die Mittelinsel
auf dem Ernst-Reuter-Platz bis dahin immer offen gelassen. Das mag für einen Außenstehenden ein läßliches
Versäumnis sein. Ich habe allerdings während der beinahe dreißig Jahre, die ich in Berlin lebe, auch noch
nie die Kaiser-Wilhelm-Gedächtniskirche betreten. Obwohl ich ein passionierter Kudamm-Gänger bin. Ich
habe es immer als eine meiner festen und typischen Westberliner Gewohnheiten betrachtet, die Kaiser-Wilhelm-
Gedächtniskirche nie betreten zu haben. Darüber hinaus
habe ich auch noch nie den Funkturm oder das Café
Kranzler betreten, wobei ich aber sagen muß, daß ich mir
das Café Kranzler niemals offen gelassen hatte. Das Café
Kranzler gehört zu den Berliner Orten, die gewissermaßen außerhalb meines Systems von Wahrnehmung und

Nichtwahrnehmung existierten. Offen gelassen hatte ich
mir in gewisser Weise auch immer den Teil Berlins, den
ich von jeher nur als verriegelten kannte: nämlich Ostberlin oder die »Hauptstadt«, wie wir damals gern und
den offiziellen Sprachgebrauch der DDR imitierend sagten. Meine Freunde und Bekannten fuhren oft in die
»Hauptstadt«, ich aber hatte dazu meistens gerade keine
Zeit, was natürlich nicht stimmte. Oder es stimmte in einem anderen Sinne und insofern, als es mir am Bewußtsein der historischen Zeit mangelte. Mein System von
Wahrnehmung und Nichtwahrnehmung, in dem Ostberlin auf die Seite der Nichtwahrnehmung geraten war,
hatte keine Sensoren für die historische Zeit. Ich hatte im
Wortsinne keine Geschichtszeit. Nicht nur Westberlin
war ewig, solange Ostwestfalen ewig war. Auch Ostberlin war ewig. Einschließlich der gesamten DDR. Ich
hatte mir Ostberlin und die DDR offen gelassen und war
zugleich immer davon ausgegangen, daß sich die vom
Westen abgeschottete DDR in gewissem Sinne auch
mich offengelassen hatte. Nach Ostberlin konnte man als
Westberliner irgendwann ein wenig umstandsloser ein-
reisen als in den Rest des Landes, aber ich wollte Ostberlin nicht besuchen, weil ich es ja immer noch tun konnte.
Ich konnte noch mein ganzes Leben lang Ostberlin besuchen. Und wenn ich dem Unbewußten vertraute, das ja,
wie gesagt, den Tod nicht kennt, konnte ich sogar noch
darüber hinaus und bis in alle Ewigkeit Ostberlin besuchen. Doch ich wollte nicht nach Ostberlin. Ich wollte
den »Korridor« und die »Zone« nicht mit Leben und
nicht mit Erfahrung erfüllen. Daß ich dann doch gelegentlich und gar nicht einmal so selten aus beruflichen
oder privaten Gründen Ostberlin und auch die DDR be-
sucht habe, änderte nichts daran, daß es auf meiner inne-

ren Landkarte weiterhin Terra incognita blieb. Gegenstand der Nichtwahrnehmung. Ich habe Ostberlin und
die DDR im hegelschen Sinne niemals anerkannt. Erst
der Fall der Mauer hat mich gelehrt, daß Erfahrungen
nicht beliebig aufschiebbar sind, sondern ihre Zeit haben. Konkret: Als sich die befreiten Ostberliner nach
dem Fall der Mauer Westberlin anschauten, aber Rad-
wege und Bürgersteige nicht auseinanderhalten konnten
und mir, dem Friedenauer, vor das Fahrrad liefen, begann
ich zu ahnen, was historische Zeit ist und was diese mit
den Möglichkeiten individueller Erfahrung zu tun hat.
Die Öffnung der Mauer hat in gewisser Weise mein
System von Wahrnehmung und Nichtwahrnehmung
zum Einsturz gebracht. Die Maueröffnung habe ich mir,
nachdem es an einem Donnerstagabend (9. November
1989) soweit war, im Fernsehen angeschaut, und zwar in
der vom Geist des Westberliner Provinzialismus zutiefst
beherrschten »Abendschau«, deren berüchtigte Begrü-
ßungsfloskel »Hallo Nachbarn« nun einen gänzlich
neuen Sinn bekommen sollte. Was ich dort gesehen habe,
ist mir wie die Berichterstattung von einem anderen Erd-
teil vorgekommen, und ich habe mir die welt- und ge-
mütsbewegenden Bilder des Wiedervereinigungsglücks
gleichsam unter der Leitzeile »Andere Länder, andere
Sitten« angeschaut, bevor ich begriff, was eigentlich
stattfand, und bevor ich mich an den Tagen darauf selbst
auf den Weg zur Mauer machte. Und während ich am
Potsdamer Platz und am Brandenburger Tor den auf der
Mauer tanzenden und mit Hämmern und Meißeln auf
die Mauer einschlagenden Menschen mit dem festen
Wahrnehmungsvorsatz zusah, daß hier Geschichte geschieht, habe ich etwas gespürt, was ich vorher nicht
kannte und was man vielleicht einen umgekehrten Wahr-

nehmungskater nennen könnte. Ich hatte bisher zu wenig von der Welt wahrgenommen und erwachte aus diesem Wirklichkeitsdefizit, dieser negativen Wirklichkeitstrunkenheit mit einer migränehaften Verstimmung und Melancholie. Ich hatte etwas verloren, was mir im Grunde noch nie gehört hatte: ein Bild von der Welt. Nun fuhr ich des öfteren in den Osten der Stadt und wünschte mir, alles wenigstens einmal noch, nur ein einziges Mal noch wahrnehmen, sehen, hören, riechen oder schmecken zu können: das gelbliche Straßenlicht auf der Schönhauser Allee, das Herbstlaub in Köpenick, das legendäre Desinfektionsmittel am Grenzübergang Friedrichstraße, den dürftigen Autoverkehr Unter den Linden oder den Geschmack von Gin Fizz an der Bar einer Bowlingbahn am Alexanderplatz, wo ich einige Male einen in Ostberlin lebenden Cousin getroffen und mich jedesmal mit ihm betrunken hatte, aus Ratlosigkeit und aus Verzweiflung darüber, daß wir uns nichts zu sagen hatten. Und schließlich trauerte ich auch dem Gefühl nach, »über die Grenze« und »durch die Mauer« zu gehen, am Übergang Friedrichstraße zumeist, gelegentlich aber auch, was sozusagen ebenso schön war, am Moritzplatz oder am Übergang Invalidenstraße. Ich wäre, nachdem die Mauer gefallen war, sehr gern noch einmal »über die Grenze« und »durch die Mauer« gegangen, was selbstverständlich kein politischer, sondern ein bloßer Wahrnehmungswunsch war. Doch die Wahrnehmungschance war verpaßt. Es gehört zur Logik der Sache, daß mit der Öffnung der Mauer nicht nur das eingemauerte Ostberlin, sondern auch Westberlin samt dem damit verbundenen jeweiligen Lebensgefühl aus der Alltagswirklichkeit in die Historie hinübergewechselt war. Selbst der Grunewaldsee, ein für meine Gefühle urwestberliner Gewässer,

das mir immer äußerst geschichtsresistent erschien, sollte
nach dem Herbst 1989 nicht mehr der sein, der er vorher
war. Gehe ich heute um den Grunewaldsee, dann bilde
ich mir ein, im Wasser einen wiedervereinigten Himmel
sich spiegeln zu sehen, und auch die Spaziergänger kommen mir zwar nicht wiedervereinigt, aber doch anders
und mehr und mehr unwestberlinerisch vor. Von den
Hunden gar nicht zu reden.

Nun, nachdem alles getan und die Teilung der Stadt auf-
gehoben war, schlug die Stunde der Geschichtsschrei-
bung – oder die der Literatur. Allerdings – ich spreche
von den frühen neunziger Jahren – ist niemand aus der
Staubwolke, die der Fall der Mauer hinterlassen hatte,
mit gewissermaßen herausgeklappten Flügeln herausgetreten, um den epochalen Berlin-Roman zu präsentieren,
der alles das, was gewesen war, für die Zukunft bewahrte
beziehungsweise auf neue und gültige Weise erfand.
Wohl habe ich mir ein faustgroßes Mauerstück mit attraktiven Grafittispuren auf die Friedenauer Fenster-
bank gelegt, aber zum Schreiben im emphatischen Sinne
– von einigen Gedichten abgesehen – hat mich das historische Ereignis vor der eigenen Haustür nicht veranlaßt.
Ich habe den Verlust Westberlins, wenn ich die Wiedervereinigung einmal so nennen darf, in gewisser Weise
verschoben verarbeitet, in dem sich mir plötzlich der
Verlust meines ältesten Bruders im Jahr 1945 aufdrängte.
Er wurde nun für mich, das heißt für meinen damaligen
Schreibzustand, zu einer aktuellen Erfahrung, die verarbeitet werden mußte. Und ich schließe nicht aus, daß das
Aktuellwerden dieser weit zurückliegenden Verlustge-
schichte auch etwas mit den Umbrüchen der damaligen
deutschen und Berliner Gegenwart zu tun hatte. Darum

ist auch nichts törichter, als der Literatur sogenannte aktuelle Themen abzufordern oder gar unmittelbare Reaktionen auf die Gegenwart. Ich bin überzeugt davon, daß die Literatur immer auf die Gegenwart reagiert – egal wovon sie handelt. Denn die Bewegungen und Erschütterungen des Augenblicks konfrontieren nicht nur mit der Gegenwart, sie können ebensogut die Vergangenheit herausfordern. Und auch die literarische Auseinandersetzung mit letzterer ist ein Dialog mit dem Gegenwärtigen, ein heutiges Hineinsprechen in das Jetzt. Insofern fühlte ich mich ganz auf der Höhe der Zeit, als ich mich, während am Potsdamer Platz die ersten Baumaschinen auffuhren, dem Thema Flucht und Vertreibung und der Nachkriegszeit in Ostwestfalen zuwandte. Berlin konnte warten. Berlin wartet noch immer.

III. Geographie des Sehnens

Was ich in Berlin nicht sah und nicht hörte und was ich in Ostwestfalen als Mangel noch nicht einmal erahnen konnte, das hoffte ich im Süden und speziell in Italien zu finden. Wobei ich mir über die Sehnsucht nach dem Süden, die sich irgendwann heftig in mir zu regen begann, lange Zeit keine Rechenschaft abgelegt und sie als etwas gleichsam Naturgegebenes und Universelles genommen habe: Wer sich sehnt, so meine Überzeugung, der sehnt sich nach dem Süden. Eine Überzeugung wider besseres Wissen, denn schließlich wußte ich, daß viele Menschen sich nicht an diesen Grundsatz halten. Angefangen bei den Eltern sowie ihren vertriebenen Freunden und Bekannten, die sich eben nicht nach dem Süden, sondern nach dem Osten gesehnt hatten: nach Königsberg, Breslau, nach Masuren und an das Dnjepr-Ufer beispielsweise. Und ich wußte auch, daß es Menschen gab, die sich sogar nach dem Norden sehnten. Für die Sehnsucht nach dem Osten hatte ich aus familiären Gründen, und weil ich Hans Graf Lehndorffs Kindheitserinnerungen gelesen hatte, ein gewisses Verständnis. Zur Sehnsucht nach dem Norden aber fehlte mir jeder Zugang, obgleich nicht wenige, mit denen ich es in Ostwestfalen zu tun hatte, sich nicht nach dem Süden, sondern nach dem Norden sehnten. Dabei war Ostwestfalen selbst schon eine Art Norden, nah an Niedersachsen und lediglich durch das Münsterland von Holland getrennt. Woraus ich nur den Schluß ziehen konnte, daß die Nordsehnsucht meiner ostwestfälischen Mitmenschen nichts anderes sein konnte als eine Art Sehnsucht nach sich selbst. Die Ostwestfalen, die sich nach dem Norden sehnten, wollten gar nicht fort. Sie wollten in Wahrheit zu Hause bleiben. Das konnten sie am besten, wenn sie, was sie auch immer wieder taten, nach Cuxhaven, Norderney, Zandvoort oder Dänemark reisten. Ich wollte nicht nach Zandvoort oder Dänemark, sondern in den Süden, und ich empfand die Sehnsucht nach dem Süden der Sehnsucht nach dem Norden weitaus überlegen. Auf die Sehnsucht nach dem Norden blickte ich hinab. Zur Sehnsucht nach dem Süden blickte ich hinauf. Mir war schließlich nicht bewußt, daß die Geographie der Sehnsüchte außerordentlich standpunktabhängig und damit relativ ist. Denn was für den einen der Norden, das kann für den anderen der Süden sein. Schon aus sprachgeschichtlicher Perspektive wird die Standpunktabhängigkeit der geographischen Koordinaten deutlich: So bedeutet laut Auskunft von Kluges Etymologischem Wörterbuch der Begriff Norden »unten«, aber auch »links«. Gemeint ist »links vom Sonnenaufgang«, was nur Sinn ergibt, wenn man sich nicht, wie wir und wie es die Landkarten tun, nach dem Norden ausrichtet, sondern nach Osten und zum Sonnenaufgang. Wenn man also eine »Orientierung« im Wortsinne vornimmt, was weniger abstrakt und erfahrungsnäher, weil an den Koordinaten von Sonnenauf- und Sonnenuntergang, Tagesanfang und Tagesende ausgerichtet ist. Aus der Zeit der Entdeckungen, aber auch aus Nordamerika kennen wir das Phänomen des Go West, der Sehnsucht nach dem Westen. Und aus der Geschichte der Kreuzzüge und der Ostkolonisation wissen wir von einer – machtpolitisch oder religiös motivierten – Sehnsucht nach dem Osten. Aus Norditalien schließlich, was für uns zweifellos zum

Süden gehört, ist uns eine Art Antisehnsucht bekannt,
die sich als Verachtung ausdrückt. Der Norditaliener
sehnt sich nicht nach dem Süden, denn dann müßte er
sich nach Süditalien sehnen. Der Norditaliener verachtet
Süditalien. Der Norditaliener sehnt sich eher nach Wien
und an die Donau. Oder nach München und an den
Starnberger See. Und immer auch, vor allem, wenn es
sich um einen Mailänder handelt, nach Paris oder London und manchmal auch nach Berlin. Doch nicht nur
der Norditaliener sehnt sich nicht nach dem Süden. Der
Süditaliener und speziell der Sizilianer sehnt sich ebenfalls nicht nach dem Süden. Er sehnt sich in gewisser
Weise noch viel mehr nicht nach dem Süden als sich der
Norditaliener nicht nach dem Süden sehnt. Denn wenn
sich der Süditaliener und speziell der Sizilianer nach dem
Süden sehnen würde, dann müßte er sich nach Nordafrika sehnen. Doch ein Süditaliener, der sich nach
Nordafrika sehnt, wäre kein Süditaliener mehr. Die
Wertigkeit der Himmelsrichtungen und die mit ihr ver-
bundene innere Geographie der Sehnsüchte und Erwar-
tungen ist also ohne Zweifel standort- und einstellungs-
abhängig. Was den bloßen Standort angeht, so ist, mit
Bernd Henningsen zu sprechen, die Lage eindeutig:
»Wer am Nordpol steht, dem ist alles Süden. Wer am
Südpol steht, dem ist alles Norden.« Oder, um ein kon-
kreteres Beispiel zu nennen: Bei den griechischen Augu-
ren, den Vogelschauern, galt die rechte Seite des Himmels als die glückliche. Bei den Römern hingegen war es
die linke. Was bei beiden jedoch und überraschender-
weise auf dieselbe Himmelsgegend hinauslief: den
Osten. Der Grund dafür ist, daß die griechischen Vogel-
schauer mit dem Gesicht nach Norden, die römischen
aber nach Süden sahen, wenn sie den Himmelsraum ab-

steckten. So erschien den Römern der Osten links, den Griechen aber rechts. Auch für die etruskischen Bronto-skopen, orakelnde Blitzschauer, kam das Gute aus dem Osten: Ostblitze betrachteten sie als günstige und West-blitze als ungünstige Zeichen. Daß der östliche Himmel den günstigen beziehungsweise glücksverheißenden Be-reich ausmacht, mag damit zusammenhängen, daß im Osten die Sonne aufgeht. Im Westen geht sie unter, und hier wohnt – mythologisch gesehen – der Tod. Im We-sten herrscht, ich zitiere Ernst Bloch, »das Westgrauen«; hier »ist die Unterwelt, ist das heidnische Golgatha, en-det der Sonnengott; der babylonische Mythos spricht vom Westen als vom ›Nachtmeergefängnis der Sonne‹«. Im Westen stehen auch die Säulen des Herakles, die bei-den Felsspitzen, die die östliche Einfahrt in die Straße von Gibraltar – welche zugleich die westliche Ausfahrt aus dem Mittelmeer Richtung Atlantik ist – flankieren, und hinter die niemand hinausgehen soll: »... denn es reichet sein Preis«, so Pindar über den Athleten Theron, »weit bis an die/Säulen des Herakles. Was/jenseits noch ist, soll keiner betreten, ob er/Klug oder töricht.« »Non plus ultra« also heißt die Parole, von der Ernst Bloch sagt, daß sie in eine der Säulen des Herakles eingraviert sei. Es handelt sich um eine Wendung, die auch im Buch Hiob vorkommt und die in Luthers Sprache lautet: »Bis hierhin wirst du gehen, und du wirst nicht darüber hin-aus gehen.« Wer es dennoch tut, wie der müde und alte Odysseus in Dantes Divina Commedia, und »mit dem Heck gen Osten«, wie es bei Dante heißt, die Säulen des Herakles, den »engen Schlund« passiert, dem droht der Untergang, der droht verschlungen zu werden: »Drei-mal im Wirbel mit den Wassern allen/Kreist's um sich selbst; dann stieg das Heck, der Bug/Taucht' in die Flut, wie's droben dem gefallen/Bis über uns das Meer zusammenschlug.«

Wenn auch für die Alten der Osten die glückliche Gegend des Himmels war, so wohnten die Götter doch im Norden, in einer Gegend, die die Römer »postica« nannten und die hinter dem nach Süden blickenden Betrachter und Vogelbeschauer lag. Die Götter der germanischen Mythologie wohnten ebenfalls im Norden, was ein weiterer Grund dafür sein mag, daß für mich der Norden als Sehnsuchtslandschaft nicht in Frage kam. Und das ist nicht nur der kuriosen Tatsache zu verdanken, daß in der nordischen Mythologie der Name der Erde »Manhem« oder »Mannheim« ist. Mit der Magie der Namen ist es in der nordischen Mythologie ohnehin nicht weit her. Auch die Namen Niflheim und Muspelheim, zwei Hauptorte der nordischen Schöpfungsmythologie, verführen nicht gerade zum Träumen. Das alles wäre noch auszuhalten, gäbe es nicht die fatale völkische Rezeptions- und Wirkungsgeschichte, die mit der nordischen Mythologie in gewisser Weise auch den Norden selbst als Imaginationsraum schwer beschädigt hat. In seinem 1930 erschienenen »Mythus des 20. Jahrhunderts« preist Alfred Rosenberg nicht nur »nordische Gesinnung« und »nordisches Menschentum«, sondern auch die Theoderich dem Großen zugeschriebene »Vernordung Italiens«. Diese »Vernordung« nimmt er gewissermaßen selbst noch einmal in Angriff, wenn er Dantes Schönheitsideal »germanisch bedingt«, den Florentiner Dichter selbst einen »nordischen Italiener«, die italienische Renaissance »eine rauschende Neuverkündung nordischen, diesmal germanischen Blutes« nennt und in den Menschendarstellungen eines Raffael oder Giorgione »Verkörperungen«

der »nordischen Rassenseele« und »nordische Weibes-
schönheit« zu erkennen glaubt. Der Norden war also
eine ideologisch höchst gefährdete Sehnsuchtsregion,
und wenn ich mir diese als junger und nach Sehnsuchts-
zielen suchender Mensch vom Leibe gehalten habe, dann
jedoch nicht, weil ich Rosenbergs »Mythus des 20. Jahrhunderts« gelesen hätte, sondern nur intuitiv. Zumal ich
nach einer Rosenberg-Lektüre auch, wie wir gesehen haben, um den Süden hätte bangen müssen. Doch ich, der
ich davon nichts wußte, bangte nicht um den Süden und
mißtraute allein dem Norden. Wohl war ich, um C. G.
Jungs Bemerkung über Nietzsche zu zitieren, »ahnungs-
los in Germanicis«, glaubte aber eines sicher und glaube
es im Grunde auch heute noch: Wer sich nach dem Norden sehnt, der sehnt sich in die falsche Richtung. Wobei
ich es für durchaus möglich hielt, daß sich neben den
Ostwestfalen, die ich kannte, auch einige Münsterländer
oder Niedersachsen nach dem Norden sehnten. Ganz im
Sinne des Wortes: Frisia non cantat. Ins Heimische übertragen: Westfalen wandelt nicht unter Zypressen. Ich
konnte es mir wohl vorstellen, daß sich ein Ostwestfale
oder Münsterländer nach dem Norden sehnte. Ich
konnte es mir aber ganz und gar nicht vorstellen, daß sich
ein musischer Mensch, ein Schriftsteller gar, in eine Gegend sehnte, deren Mythologie einen ihrer bedeutend-
sten Götter in einem Ort namens Thrudheim angesiedelt
hatte. Götter hatten auf dem Olymp zu wohnen. Oder
auf dem Forum Romanum. Auf keinen Fall aber, wie
Thor, der Sohn Odins, in Thrudheim. Natürlich sind
meine Ansichten das eine und die Literaturgeschichte
das andere. So habe ich noch lernen müssen, daß der
Norden und das Motiv der Sehnsucht nach dem Norden
in der Literatur sehr wohl eine Rolle spielt. Erinnert sei

nur an Thomas Manns Tonio Kröger. Letzterer ist selbst,
der Name ist redend, ein Mischwesen aus Nord und Süd
– Thomas Mann spricht hier von »romanisch deutscher
Blutsmischung«. Und dieser Tonio Kröger sehnt sich insofern nach dem Norden, als er sich nach seinem Schul-
freund, dem gänzlich ungemischten und »bastblonden«
Hans Hansen, sehnt: »So war Hans Hansen, und seit
Tonio Kröger ihn kannte, empfand er Sehnsucht, sobald
er ihn erblickte, eine neidische Sehnsucht, die oberhalb
der Brust saß und brannte. Wer so blaue Augen hätte,
dachte er, und so in Ordnung und glücklicher Gemein-
schaft mit aller Welt lebte, wie du!« Tonio Kröger sehnt
sich nach Hans Hansen, weil er sich, so Thomas Mann,
nach dem »Glücklichen, Liebenswürdigen und Ge-
wöhnlichen« sehnt. Der Norden in Gestalt Hans Han-
sens verspricht Behaglichkeit, Laubsägearbeiten und
Schutz vor aller dämonischen Schönheit, deren Verlok-
kungen sich der Künstlertyp Kröger ausgesetzt sieht. Allerdings kann man dem Norden auch weniger pointiert
und weniger programmatisch zugetan sein, weil man
vielleicht eine Vorliebe hat für Holzzäune und Kiefern,
Fjorde, Fisch und sandfarbenen Fels. Das wäre dann die
gemäßigte Zone der Nordsehnsucht, die sich für Exalta-
tionen nicht unbedingt eignet und die auch nicht Gefahr
läuft, einen unschuldigen Hans Hansen am Ende über
die Grenze des Nördlich-Verträglichen in die Abgründe
südlich-gesteigerter Affektationen zu ziehen. Entscheidend dramatischer aber geht es zu, wo die Faszination
des Nordens von seiner äußersten geographischen Grenze ausgeht: dem Nordpol. Und wo der Nordpol ist,
da ist auch der Südpol nicht fern. Nicht in geographi-
scher Hinsicht natürlich, wohl aber im faszinationsge-
schichtlichen und, wenn mir dieses Wort gestattet sei,

imaginationslogischen Sinne. Die Erdpole sind Imagi-
nationslandschaften par excellence. Sie eignen sich vortrefflich, um an ihnen Untergangs- und Katastrophen-
phantasien zu verorten, was seine realgeschichtlichen
Grundlagen hat, wenn wir an die gescheiterten Nordpol-
expeditionen denken. So läßt Jules Verne seinen Kapitän
Hatteras auf einer Nordpolfahrt scheitern. Dieser ist von
dem Gedanken besessen, genau den mathematischen
Punkt zu erreichen, wo alle Meridiane zusammenlaufen.
Er sucht an den Rändern gewissermaßen die Mitte – und
findet sie schließlich in einem vulkanischen Krater, der
ihn verschluckt. Hatteras überlebt, nimmt jedoch ob seiner Entdeckung, daß der Nordpol ein Vulkanberg ist,
Schaden an seiner geistigen Gesundheit und verbringt
sein Lebensende im Krankenhaus zu Sten Cottage bei
Liverpool. Hier aber kommt er nicht zur Ruhe, sondern
macht, ich zitiere Jules Verne, »täglich stundenlang Spa-
ziergänge, aber diese Gänge hatten unveränderlich dieselbe Richtung in einer gewissen Allee zu Sten Cottage.
War er am Ende der Allee angekommen, so kehrte er
rücklings zurück. Wollte ihn jemand anhalten, so wies er
mit dem Finger auf einen bestimmten Punkt am Himmel.« Der Arzt beobachtet Hatteras' seltsames Verhalten
einige Zeit und findet schließlich heraus, was es mit Hatteras' Spaziergängen auf sich hat. Die Diagnose lautet:
»Der Kapitän Hatteras bewegte sich unabänderlich in
nördlicher Richtung.« Doch eignen sich die Erdpole
nicht nur als Schauplätze von Untergangs-, Todes- oder
Wahnsinnsgeschichten. Sie eignen sich auch, was auf den
ersten Blick weniger naheliegend erscheint, um Erlö-
sungs- beziehungsweise Wunscherfüllungsgeschichten
zu erzählen. Das geschieht einmal, wie bei Theodor Däu-
bler, dadurch, daß der Dichter in der Polarnacht Pfingst-

rosen blühen läßt. »Wird einem Menschen Erleuchtung,
so züngelt, sichtbar den Beschreitern ihrer Gletscher,
eine Pfingstrose in die Polarnacht.« Wem es am Nordpol
für solcherart Phantasien zu kühl sein sollte, der wird
eher mit dem sympathisieren, was man das Boreale Arkadien nennt: ein Süden in der Kälte, ein Capri im Eis.
Letzteres liegt vorzugsweise am Südpol, ist von Wunsch-
energien aufgeheizt, die sich, mit einer Wendung Rim-
bauds, »des fleurs arctiques«, also arktische Blüten versprechen oder gleich ganz, wie bei Theodor Mombert,
aus der Kältezone eine Frühlingspostkarte machen:
»Kommt einst der große Frühling über die Welt/dann
taut auch auf das Eis der Pole/dann kommt ein Gluten
über ihre Himmel/dann sprießen dort die zartesten Sil-
ber-Gräser/dann nisten dort die Schwalben/dann weiden dort die Rehe. (...) Dann erscheinst du wiedergebo-
ren als Blume./Als die Blume des Poles./Als holde
Himmelsschlüssel-Blume. Mein Freund, dann lächelst
du.« Angesichts dessen kann man sich freuen, daß die
deutsche Gegenwartsliteratur erlösungsseligen Polreisen
und Nordlandfahrten weitgehend widerstanden hat.

Die deutsche Literatur, auch die unserer Gegenwart, ist
zumeist in den Süden gereist. Mit einigen Ausnahmen allerdings, zu denen nicht zuletzt Alfred Andersch und
Hans Magnus Enzensberger zählen. Wobei letzterer
nicht nur in den Norden gereist ist, sondern auch in Nor-
wegen gelebt hat. Beide freilich sind keinem Nordmy-
thos erlegen, weder dem der unberührten Natur noch
dem der Grenzüberschreitung mit gegebenenfalls retten-
der oder auch katastrophischer Aussicht. Sie haben vielmehr den Norden zur poetologischen Reflexion und das
Nördliche als gleichsam poetologische Region genutzt.

Ganz in dem Sinne eines Seamus Heaney, der in dem Gedicht »Norden« seine Poetik des Nordens entwirft, wenn er schreibt: »Leg dich/in den Wortschatz, erforsche/Windung und Schimmer/deines gefurchten Hirns./ Schreibe im Dunkel./Harre auf langem/Raubzug des Nordlichts,/doch keiner Lichtkaskaden./Halte dein Auge klar/wie die Blase im Eiszapfen (...).« So erkundet Alfred Andersch in dem Reisetext »Hohe Breitengrade oder Nachrichten von der Grenze« angesichts der Küsten- und Fjordlandschaft Spitzbergens die Möglichkeiten des klaren Blicks für seinen Entwurf einer Literatur der Beschreibung und einer Poetik der Deskription: »Das Bemerkenswerte an diesen Fjorden«, schreibt Andersch, hierbei aus dem eigenen Reisetagebuch zitierend, »sind die dunkel-violetten Berge an ihren Ostufern, im Inneren des Bockfjords besonders eindrucksvoll. Hohe erodierte Wände aus Basaltgeröll, die tatsächlich purpurn neben den blauen Bergen des Urgesteins über dem Wasser, über dem spärlichen Moosgrün der Halden zu ihren Füßen stehen (...).« Darauf kommentiert er seine Tagebuchnotiz in selbst- und stilkritischer Absicht mit den Worten: »Das ›Basaltgeröll‹ ist schlichter Unsinn, es handelt sich um Sandstein (...) Irgendwie schien mir die Farbe dieses Gesteins besser zu einer Vorstellung von feuriger Vergangenheit zu passen, und einen Sandstein solchen Kolorits hatte ich noch nirgendwo gesehen. Sein Rot meine ich, wenn ich von einer Beschreibungskrise rede. Dunkelrot-violett und purpurn ist nicht direkt falsch, gibt aber doch keinen rechten Begriff. Dornseiffs Synonymen-Lexikon zählt 66 verschiedene Bezeichnungen für Rot auf, dazu noch 14 Bezeichnungen für Violett; bei einem großen Teil dieser Synonyma handelt es sich allerdings um Metaphern, nicht um reine Farbangaben.

Für das Rot der Berge am Ostufer der Bockbucht besitzt die Sprache kein Wort. Kann es also in der Sprache nicht gezeigt werden?« Andersch gerät hier unversehens an die Grundfrage jeder Beschreibungspoetik. Er sucht diese Frage mal philosophisch-spekulativ zu beantworten, mal handwerklich-konkret. Philosophisch-spekulativ wird Andersch dort, wo er den Naturgegenständen eine ganz spezielle »Magie« zuschreibt und, unter Zuhilfenahme des Heideggerschen Phänomen-Begriffs, nach dem ›Offenbaren‹ in den Dingen sucht. Handwerklich-konkret ist er dann, wenn er seine Reise in den Norden eine »ästhetische Expedition« nennt, der es vor allem darum gehe, die »formalen Strukturen« einer Landschaft auf dem Wege genauer Deskription zu erfassen. Ganz ähnlich wie Andersch nutzt auch Enzensberger die nördliche Landschaftserfahrung, Flechten, Steine, Schnee und Schatten, zur poetologischen Reflexion im literarischen Text. Aber anders als Andersch, der immer wieder zwischen sachlichem Beschreibungsvorsatz und pathetischer Intensitätssehnsucht, Strukturwahrnehmung und Schönheitsbegehren schwankt, gönnt sich Enzensberger die Aussicht auf ästhetische Offenbarungen nur in homöopathischen Dosen: »Zwischen fast nichts und nichts/wehrt sich und blüht weiß die Kirsche.« Auch seine Landschaften sind oft geometrisch strukturiert, und einige der Gedichte werden zu Stilleben der Vermessung: »winkeleisen balken schotter/und rot weiß rot/eine vergessene meßlatte«, heißt es in »Blindenschrift«. Programmatisch hat Enzensberger seinem deskriptiven Verfahren in dem Gedicht »Flechtenkunde« einen Namen gegeben. Die Flechte ist nicht nur eine zähe, genügsame und uralte Pflanze – und damit vielleicht der Poesie gleich. Eine Flechtenart heißt sogar

»Graphis scripta« und erlaubt dem Autor denn auch, sie
als Schrift und als Geschriebenes zu ›lesen‹: »die flechte
beschreibt sich,/schreibt sich ein/schreibt/in verschlüs-
selter schrift/ein weitschweifiges schweigen: graphis
scripta.« Wohl verkörpert die Flechte das defensive und
zugleich zähe Prinzip der Schrift – aber sie ist zugleich
auch die Schöpferin der rettenden göttlichen Speise:
»von manna träumen wir alle/aber wer hat das manna gemacht?/das wissen die wenigsten/es war die flechte.« So
hält auch die skandinavische Flechte noch den Ursprung
des Wunderbaren bereit. Zuteil wird es uns hier allerdings nicht: »ich weiß nicht wie manna schmeckt./aber es
wird vortrefflich sein/ganz ohne Zweifel.« Im Norden
mag das Brot gebacken werden. Im Süden aber wird es
verzehrt. Und darum mag auch Seamus Heaneys Aufforderung »Halte dein Auge klar/Wie die Blase im Eiszapfen« dem strukturbewußten Poeten ein verbindlicher
Imperativ sein. Doch die »Wallungswerte«, von denen
ein Gottfried Benn von Berlin (und Marburg) aus so
nachdrücklich schwärmen konnte, schlagen im Süden
am deutlichsten aus. Im Norden mögen Strukturen
sichtbar, aber keine »Selbstentzündungen« (Benn) ausgelöst werden. Darum wendete sich auch meine Sehnsucht, ohne daß ich poetologisch dachte, sondern erleb-
nis- und affekthungrig war, nach dem Süden. Einzig das
Land, welches den Süden verkörpern sollte, mußte noch
gefunden werden. Ich konnte im Umkreis meiner Mit-
schüler und Mitstudenten beobachten, daß wohl die meisten derer, die keine Sehnsucht nach dem Norden hatten,
sich nach dem Süden sehnten, daß aber diese Sehnsucht
sich auf verschiedene um das Mittelmeer herum gelegene
Länder verteilte. Einige sehnten sich nach Italien, andere
nach Frankreich und wieder andere nach Griechenland,

Spanien oder Portugal. Ich hatte zuerst geglaubt, daß ich
mich nach Frankreich und speziell nach Südfrankreich
sehnte, und bin darum einige Male nach Südfrankreich
gefahren. In Arles besuchte ich das antike römische
Theater, die Kathedrale Saint Trophime, von deren Por-
tal mir ein versonnener Daniel in der Löwengrube in Erinnerung geblieben ist, sowie das Amphitheater. In
Sanary-sur-Mer ging ich an den Strand und in Marseille
zum Alten Hafen, wo ich des Grafen von Monte Christo
gedachte (den ich aus den »Illustrierten Klassikern«
kannte), wo ich Fischsuppe aß und Gauloises rauchte,
wie es kein Franzose hätte besser machen können. In der
Nähe von Gordes im Kloster Sénanque erklärte man den
Besuchern, daß die Mönche hier aufgrund der strengen
Ordensregeln einst nur ein Durchschnittsalter von acht-
undzwanzig Jahren erreicht hatten, also flüchtete ich das
Kloster Sénanque. In Antibes erfuhr ich, daß die Stadt
einmal Antipolis hieß, »die Stadt gegenüber«, was ein
ziemlich bescheidener Name ist. Und natürlich fragte ich
mich: Gegenüber wovon? Doch niemand klärte mich
auf. Auch die Bücher nicht, die ich damals las, um meiner
Südfrankreich- und Provenceerfahrung den entspre-
chenden kulturellen Rahmen zu geben. Den ersten Band
von Prousts »Recherche« hatte ich ebenfalls mitgenom-
men, obwohl mir bewußt war, daß im Garten der Tante
weder Thymian noch Rosmarin wuchsen und daß Combray nicht der Ort war, durch den der Mistral wehte.
Doch Proust gehörte zu Frankreich. Ich habe den Band
damals nicht zu Ende gelesen, obwohl ich mir einbildete,
ein Proust-Liebhaber zu sein. Ich habe den ersten Band
von Prousts Recherche in den Jahren darauf noch mehrere Male nicht zu Ende gelesen, zugleich aber meine
Proust-Begeisterung unablässig gesteigert. Proust zu

Ende lesen, das war wie mit dem Rauchen aufhören: Es sollte mir über viele Jahre nicht gelingen. Ich las während meiner ersten Frankreichreise bis zu der Stelle über das Küchenmädchen – das Küchenmädchen als solches. Wenn ich mir heute die schon damals mit einem Fragezeichen versehene Stelle noch einmal anschaue, dann habe ich ein gewisses Verständnis für den Abbruch der Lektüre, denn die Stelle hat nichts von dem, was ich mir immer unter elegantem Prouststil vorgestellt hatte. Sie klingt vielmehr nach einem Stil, der einiges mit dem gemein hat, was man Seminarstil nennt: »Das Küchenmädchen war eine Person in abstracto, eine ständige Einrichtung, der einige unveränderliche Attribute eine gewisse Kontinuität und Identität gewährleisten durch eine Reihe aufeinanderfolgender vorübergehender Verkörperungen hindurch, unter denen sie erschien (...).« Soweit Proust. Ich kapitulierte beziehungsweise verschob die Lektüre auf unbestimmte Zeit und griff statt dessen zu Petrarcas Besteigung des Mont Ventoux. Ein Reclamheftchen, von dem ich gehört hatte, daß es ein Grundlagenwerk für die neuzeitliche Landschaftserfahrung darstellen sollte. Ich hatte mir bereits zu Hause vorgenommen, das Heft vor Ort zu lesen, im Angesicht der zu erfahrenden Landschaft und am besten auf dem Gipfel des Berges. Ich habe es dann nicht auf dem Gipfel des Mont Ventoux gelesen, sondern in einem Straßencafé in Cassis. Gleich zu Beginn des Textes berichtet Petrarca, wie ein Hirte ihn von dem Aufstieg abrät, da er nichts einbringe »außer Reue und Mühsal und einen von Felszacken und Dornsträuchern zerfetzten Leib und Mantel«. Ich tat also gut daran, im Café zu sitzen und dem Dichter im Geiste zu folgen, zumal er selbst, was ich damals allerdings noch nicht wußte, ja auch nur im Geiste den Berg

bestiegen hatte. Petrarca wandert, wenn wir seinem Text
glauben wollen, nicht geradewegs den Berg hinauf, sondern irrt umher und steigt gelegentlich auch wieder
hinab. Die Lehre, die er daraus zieht, ist unmittelbar ein-
leuchtend (auch wenn man sich durch die Katastrophen-
literatur eines Edgar Allan Poe oder durch andere literarische Unterweltfahrten eines Besseren belehren lassen
kann). Sie lautet: »Unmöglich gelangt ein Wesen von
Fleisch und Blut in die Höhe durch Hinabsteigen.« Ich
unterstrich diesen Satz, bestellte einen weiteren Kaffee,
erreichte mit dem Dichter den Gipfel und mußte erleben,
wie dieser sich, auf dem südfranzösischen Berg stehend,
in Wahrheit ganz woandershin sehnt: »Ich seufzte, ich
gestehe es, nach italischer Luft (...).« Petrarca mag recht
damit haben, daß man durch Hinabsteigen nicht hinauf-
kommt. Er muß aber auch die Erfahrung machen, daß
man durch Hinaufsteigen noch lange nicht an das Ziel
seiner Wünsche gelangt. Denn der durch Hinaufsteigen
Hinaufgekommene ist wohl oben, aber nicht unbedingt
dort, wo er sein will. Der auf dem Mont Ventoux ange-
kommene Petrarca scheint ebenfalls ein wenig unschlüs-
sig, was er dort oben eigentlich soll. Anfangs sehnt er sich
nach Italien, dann blickt er ein wenig in der Gegend umher. Erst nach rechts, Richtung Lyon, dann nach links,
zum Golf von Marseille, schließlich nach unten, wo die
Rhone fließt. Am Ende greift er in die Tasche und holt ein
Buch heraus, die Bekenntnisse des Augustinus, schlägt
»zufällig« das zehnte Buch auf und richtet seine Augen
wiederum ganz zufällig genau auf die Stelle, wo es heißt:
»Und es gehen die Menschen, zu bewundern die Höhen
der Berge und die gewaltigen Fluten des Meeres und das
Fließen der breitesten Ströme und des Ozeans Umlauf
und die Kreisbahnen der Gestirne – und verlassen dabei

sich selbst.« Soweit die Lehre des Augustinus, die Petrarca wie »betäubt« annimmt, nun gar zornig darüber
wird, »jetzt noch Irdisches« zu bewundern, und schließlich die »inneren Augen auf (sich) selbst« zu richten be-
ginnt. Er steigt den Berg wieder hinab, ganz der Betrachtung seines Inneren zugewandt – wogegen der Berg nun
nichts mehr auszurichten vermag: »Wie oft, glaubst Du,
habe ich an diesem Tag auf dem Rückweg mich umge-
wendet und den Gipfel des Berges betrachtet, und er
schien mir kaum die Höhe einer Elle zu haben im Ver-
gleich zur Höhe menschlicher Betrachtung...« Ich leerte
meinen Kaffee, legte den Text beiseite und fragte mich,
wo hier die sogenannte neuzeitliche Landschaftserfahrung war. Ich konnte nur einen Dichter entdecken, der
auf dem Berg steht, die beste Aussicht hat, aber nichts
Irdisches bewundern möchte und die Seelenschau pro-
pagiert. Und noch während ich darüber nachdachte,
warum Petrarca nicht Seelisches betrachten und Irdisches zugleich bewundern konnte, lenkte Musik mich
ab. Eine Männerstimme, sehr rauh, sehr dunkel und
sehr melancholisch. Der warme Meereswind wehte die
Stimme bis zu meinem Straßencafé. Ich gab der Verlok-
kung nach, stand auf und entdeckte den Sänger auf einem
Platz in der Stadt, wo ein Freiluftkonzert stattfand, das
im übrigen nicht einmal Eintritt kostete. Der Mann
hatte, wie ich einem Plakat entnehmen konnte, einen
griechischen Namen. Ich hatte noch nie etwas von ihm
gehört, obwohl es sich um einen populären Sänger handeln mußte. Der Platz war überfüllt. Selbst auf die Plata-
nen, die ihn säumten, waren die Zuhörer geklettert und
lauschten den Liedern des Sängers. Sein traurigstes Lied
war auch sein schönstes, es hieß »En mediterranée« und
prägte sich mir durch seinen Refrain und zwei gereimte

Zeilen ein, die mir damals äußerst tiefsinnig, wenn nicht gar philosophisch erschienen und in denen ich alle Heiterkeit und alle Melancholie des Südens zu entdecken glaubte: »Il y a un bel été/En Mediterranée«. Es dauerte einige Zeit, bis ich mir Rechenschaft über den Wortlaut dieser Verse abgelegt und mir klargemacht hatte, daß sie nichts anderes besagten, als daß es im Süden einen schönen Sommer gibt. Eine Aussage, die mir heute allzu genügsam erscheint. Nicht zu meiner, wohl aber zur Rechtfertigung des Poeten Georges Moustaki muß ich allerdings hinzufügen, daß ich mir die Verse unvollständig gemerkt hatte, denn in Wahrheit muß es heißen: »Il y a un bel été/Qui ne craint pas l'automne/En mediterranée«. Daß es im Süden einen schönen Sommer gibt, der den Herbst nicht fürchtet, ist eine immerhin etwas differenziertere Aussage. Ich aber war für lange Zeit mit dem simplen Zweizeiler zufrieden und nahm ihn in mein persönliches Gefühlsarchiv auf, Abteilung Melancholie-Material, in dem sich bereits ein größerer Bestand von literarischen und musikalischen Zitaten nicht immer erster Güte angehäuft hatte. Und so setzte ich in diesem provenzalischen Sommer meine Reise fort, indem ich falsch verstandene Moustaki-Lieder in meinem Kopf zirkulieren ließ. Die zirkulierten auch noch, als ich in der Nähe der Ortschaft Remoulins den Pont du Gard besuchte und zu Füßen der römischen Wasserleitung picknickte, in Gesellschaft vieler anderer Pont-du-Gard-Besucher. Einige Zeit darauf konnte ich lesen, daß der Großvater von Marcel Pagnol ebenfalls die Angewohnheit hatte, am Pont du Gard zu picknicken, mehrmals im Jahr, über viele Jahre hinweg und immer mit seinen Kindern und Enkeln. Der Großvater des Autors war von Beruf Steinmetz, liebte das Bauwerk und bewunderte die

Handwerkskunst seiner römischen Erbauer. »Noch dreißig Jahre später aber«, so berichtet Pagnol in »Eine Kindheit in der Provence«, »schlugen seine Söhne und Töchter bei der bloßen Erwähnung dieser Brücke die Augen zum Himmel auf und stießen tiefe Seufzer aus.« Nachdem ich eine angemessene Zeit am Pont du Gard verbracht hatte, seufzte auch ich angesichts des Bauwerks, das mich wohl beeindruckte, aber eben doch nur eine römische Wasserleitung war. Ich verließ den Pont du Gard und fuhr nach Orange. Hier sah ich ein weiteres antikes Theater und in Nîmes ebenfalls, wo es zudem ein weiteres Amphitheater gab, welches ich aber nur flüchtig gestreift habe. Eine weitere römische Wasserleitung habe ich nicht gesehen, weder in Nîmes noch anderswo. Dafür aber einen Dianatempel, bei dem es sich, wie ich im Reiseführer lesen konnte, um ein sogenanntes Nymphäum handelte. Der Tempel war an der Stelle eines alten Quellheiligtums errichtet worden. Von einem Nymphäum hatte ich vorher noch nie etwas gehört, aber das Wort gefiel mir, und mir gefiel auch die Vorstellung, die mit ihm verbunden war. Ein schattiger Ort, an den man sich in der Mittagshitze flüchten, an dem man Quellwasser trinken, ausruhen und in einen vom Plätschern des Wassers begleiteten Schlaf fallen konnte, der bewohnt war von freundlich-verspielten Nymphen, die einem, wenn sie Lust dazu hatten, den Mittagsschlaf versüßten. Das Nymphäum war eine Kultstätte ganz nach meinem Geschmack, eine wirkliche Alternative zu den Kultstätten meiner Kindheit, dem Bismarckturm, den Externsteinen oder dem Hermannsdenkmal. Nymphen gab es dort nirgends. Nymphen gab es allerdings auch hier, am Dianatempel in Nîmes, keine. Dafür gab es die südfranzösischen Mädchen, die nicht weniger verheißungsvoll

waren. Allerdings war an sie kein Herankommen. Denn
da waren erstens die südfranzösischen Jungs und zweitens die Tatsache, daß es sich bei den südfranzösischen
Mädchen meist um junge Pariserinnen handelte, die in
Antibes oder Menton ihre Ferien verbrachten und um alles, was auch nur im weitesten Sinne nach Ostwestfalen
aussah, einen großen französischen Bogen machten. Anders als Rilke, der anläßlich eines seiner Provenceaufent-
halte einmal sagte: »Ich ließ mich hin vor glücklicher
Bestürzung«, war auch ich zuweilen wohl bestürzt,
aber nicht glücklich. Südfrankreich stimmte mich eher
schwermütig, denn es kam mir durch und durch französisch vor, und es schien ganz so, als wollte es französisch
bleiben. Es erlaubte mir kein Gefühl der Zugehörigkeit,
es kam meiner Sehnsucht mit keinem einzigen Schritt
entgegen, und ich fühlte mich zurückgestoßen. Ich aber
erwartete von dem Süden, nach dem ich mich sehnte,
auch ein gewisses Entgegenkommen, ein gewisses Sich-
Sehnen des Südens nach mir.

Nachdem ich aus Südfrankreich zurückgekehrt war,
wußte ich, daß ich mich nicht nach Südfrankreich gesehnt hatte, sondern nach Griechenland. Vielleicht war
Georges Moustaki daran schuld, vielleicht aber auch das
Vordringen der griechischen Küche in Berlin-Schöne-
berg, wo ich während meiner Griechenlandsehnsucht
wohnte. Wobei hinzukommt, daß zu der damaligen Zeit
kein Bauernsalat gegessen und kein Retsina ohne die Be-
gleitung von Mikis Theodorakis' Sirtakimusik getrun-
ken werden konnte. In diese griechische Mischung, die es
natürlich nicht nur in Schöneberg, sondern auch in Charlottenburg, Wilmersdorf oder Kreuzberg gab, wurde
noch eine kräftige Dosis Alexis Sorbas beziehungsweise

Katzantzakis hineingerührt, einschließlich Freiheits-
kampf, Lord Byron, Tavlispielen am Küchentisch und
glutäugigem Antifaschismus, und wer sich jetzt immer
noch nicht nach Griechenland sehnte, dem war nicht zu
helfen. Ich sehnte mich nach Griechenland und flog mit
der kompletten Schöneberger Wohngemeinschaft nach
Kreta, denn zufälligerweise sehnten sich genau in der
Phase, in der ich mich nach Griechenland sehnte, auch
meine Mitbewohner nach Griechenland. Ein weiterer
Zufall wollte es, daß genau zu dieser Zeit die meisten
Berliner Reisebüros günstige Kretaflüge im Angebot
hatten. Kretaflüge wurden einem in der damaligen Zeit
förmlich nachgeschmissen. Wenn man darüber hinaus
die Bauernsalat- und Fleischspießpreise in den kleinen
kretischen Strandlokalen bedachte, dann war es für die
Wohngemeinschaft beinahe günstiger, nach Kreta zu
fliegen als zu Hause zu bleiben. Auf Kreta wohnten wir
an der Südküste in einem Ort namens Paleochora auf
mehrere Zimmer verteilt bei verschiedenen privaten Ver-
mietern, die sich nicht genug darüber wundern konnten,
daß wir ihren verschlafenen und weltvergessenen Ort
aufgesucht hatten, und die alles taten, um es uns recht zu
machen. Am meisten wollten sie es uns mit dem Frühstück recht machen, das aus Nescafé bestand, der in ori-
ginal Henninger-Gläsern serviert wurde und zu dem
man cellophanverpackte fabrikfertige Croissants reichte.
Meine Griechenlandsehnsucht scheiterte jedoch nicht
am Nescafé und den leidlich attraktiven Croissants, sondern an der Sprache. Ich verstand die Griechen nicht,
und die Griechen verstanden mich nicht. Das war insofern besonders schmerzlich, als ich das Privileg genoß,
einen alten Mann in Landestracht mit Bart, Bluse, Plu-
derhosen und Stiefeln neben meiner Zimmertür auf

einem Strohstuhl sitzen zu haben. Nicht im Zimmer
wohlgemerkt, sondern vor meinem Zimmer auf einer ge-
länderlosen Terrasse aus rohem Beton. Der Alte war der
Patriarch der Vermieterfamilie, eine Mischung aus Philo-
soph und Partisan und außerordentlich charismatisch. Er
pflegte seine Nachmittage auf dem Strohstuhl neben
meiner Zimmertür zu verbringen, in starrer Haltung und
mit unablässigem Blick auf das Meer. Er war genau so,
wie ich mir einen alten Griechen immer vorgestellt hatte.
Ich traute ihm zu, daß er wie Alexis Sorbas eines Tages,
wenn nicht im Stehen, so doch im Sitzen und in aufrech-
ter Haltung sterben würde, die Fingernägel in den Knauf
seines Stockes gekrallt und ohne den leisesten Seufzer.
Ich hatte niemals einen Großvater gehabt – hier war einer. Die ersten Tage nickte ich ihm nur zu, wenn ich in
mein Zimmer ging. Dann lernte ich mit Hilfe des Wör-
terbuchs die wichtigsten Begrüßungsfloskeln und grüßte
den Mann nun in einem simuliert flüssigen Griechisch,
was diesen eines Tages veranlaßte, mich heranzuwinken
und mir den Platz neben ihm anzubieten. Ich setzte
mich, nahm ebenfalls eine starre Haltung an und blickte
wie er hinaus auf das Lybische Meer in Richtung Afrika
und genau auf die Stelle, von der ich aus der Zeitung
wußte, daß sich hier eine offiziell genehmigte Altölabla-
destelle der internationalen Schiffahrt befand. Der Alte
wußte sicherlich nichts von der Altölentsorgung, und
auch ich wollte nichts davon wissen und bemühte mich
unter dem Eindruck des blauschimmernden Meeres,
Mittelmeermythen und Zypressenträume in mir zu mo-
bilisieren. Das Meer war beeindruckend genug. Es
wölbte sich wie ein Berg vor uns auf. Und während die
Wellen uns mit großer Gebärde entgegenschlugen, um
dann mit einem resignierten Seufzer wieder zurückzu-

weichen, begann der Alte zu sprechen. Ganz offensichtlich ging er davon aus, daß ich ihn verstand, und ich ließ
ihn in seinem Glauben und nickte gelegentlich zu seinen
Erzählungen, ohne etwas zu erwidern. Der Alte sprach –
und ich hörte zu. Er war der geborene Erzähler, der
Rhapsode, und ich war der geborene Zuhörer, der den
Mythos, die Erzählung, dankbar entgegennehmen
wollte. Gelegentlich tauchten meine Berliner Reisege-
fährten am Strand auf und winkten respektvoll herüber.
Ich hob dann nur kurz die Hand und deutete ihnen an,
uns auf keinen Fall zu stören. Aber sie hätten es auch von
sich aus nicht getan, zu respekteinflößend erschien ihnen
das Bild des erzählenden Alten und des zuhörenden Jungen. Daß ich den Alten nicht verstand, störte mich nur
wenig. Ich genoß das archaische Tableau, das mir das Gefühl verlieh, der Alte erzählte mir nicht irgend etwas,
sondern hier wurde mir das Erzählen selbst erzählt.
Wohl wurde auch in meiner Kindheit erzählt, von Eltern,
Verwandten und Bekannten. Aber es wurde nicht mir erzählt. Ich hatte mich immer als ein Mensch empfunden,
dem nichts erzählt wurde. Schon gar nicht von Angehö-
rigen einer anderen Generation. Mir wurde höchstens
von meinen Freunden etwas erzählt. Doch das, was mir
die Freunde erzählten, das hätte ich ihnen auch erzählen
können. Das Erzählen, auf das es mir ankam und das ich
nie erlebt hatte, war kein bloßes Gespräch, und schon gar
nicht ein Austausch von Informationen. Es war ein Akt
der Anerkennung, wenn nicht einer der Liebe. Obwohl
ich mich für affektiv vernachlässigt, aber nicht für besonders naiv hielt, war ich anscheinend noch immer naiv genug, mich von dem Erzählen des Alten so rühren zu lassen, als wenn es sich um einen Akt väterlicher oder
großväterlicher Liebe handelte. Die Rührung war aller-

dings am ersten Tag unserer gemeinsamen Sitzungen am
stärksten gewesen und nahm dann relativ rasch ab. Schon
drei Tage später hätte ich nach dem Schwimmen lieber
allein auf dem Vorbau gesessen und dem Sonnenuntergang zugesehen. Denn der Alte hatte mich nicht nur für
würdig erachtet, ihm zuzuhören. Er hatte ohne Unterlaß
auf mich eingeredet und nicht die geringste Rücksicht
darauf genommen, daß neben ihm ein Fremder saß, der
ihn erstens nicht verstand und sich zweitens auch einmal
nach einem Moment der Stille sehnte, im Sommer, auf
Kreta, und angesichts eines betörenden Spätnachmittag-
lichts. Am vierten Tag machte mich das ewige Gerede des
alten Mannes so ungeduldig, daß ich, unfähig zu irgendeiner Entschuldigungsfloskel, abrupt aufsprang, um in
mein Zimmer zu gehen. Der Alte zuckte zusammen, sah
mich enttäuscht mit seinen rotgeäderten und vom Alter
wässrig gewordenen Augen an und verstummte. Ich
wagte an diesem Abend erst dann mein Zimmer wieder
zu verlassen, nachdem auch der Alte ins Haus gegangen
war. Zugleich hatte ich begriffen, daß der Grieche kein
Homer, kein Alexis Sorbas, höchstwahrscheinlich auch
kein Partisan, nicht mein Ersatzgroßvater und schon gar
nicht die Urgestalt des Erzählers war. Er war vielmehr
ein vor sich hin monologisierender Greis, der sich nur für
sich und sein Gerede interessierte. Kein archaischer
Rhapsode trug den Mythos weiter, sondern ein dialogre-
sistenter Gegenwartsgrieche raubte mir den letzten
Nerv. Da der Alte weiterhin auf dem Vorbau saß, ich
mich aber nicht mehr neben ihn setzen wollte, ging ich
während der nächsten Tage jeden Nachmittag grußlos an
ihm vorbei, was meiner Stimmung ebensowenig wie meinem Kretabild guttat. Und auch der Alte nickte mir nicht
mehr zu und hatte seine starre Haltung wieder angenom-

men: den Mund fest verschlossen, den Blick geradeaus
auf den Horizont geheftet und erneut den Ausdruck
patriarchalischer Weisheit und Würde im verwitterten
Antlitz.

IV. Rom oder die Mittagsdämonen

Meine Griechenlandsehnsucht hatte einen Riß bekommen und scheiterte vordergründig am alten Griechen, in Wahrheit aber am Sprachproblem. Wobei mir Griechenlandkenner darüber hinaus versicherten, daß man seine Griechenlandsehnsucht sowieso nicht auf Kreta stillen könne. Dort könne man höchstens seine Kretasehnsucht stillen. Denn Kreta sei sowenig Griechenland wie Sardinien Italien oder Korsika Frankreich. Ich wußte nicht, was ich glauben sollte, wanderte gleichwohl noch durch eine Schlucht, deren Namen ich vergessen habe und bei der es sich nicht um die Samariaschlucht handelte, besichtigte das Kloster Arkadi, daß von nur wenigen, arthritisch erstarrten Mönchen bewohnt war und sich in einem verzweifelten Dämmerzustand befand, besuchte die Ruinen von Knossos und glaubte zwischen den Mauerresten den fauligen Atem des Minotaurus zu riechen. Doch weder Schlucht, Kloster oder Minotaurus konnten mir das Gefühl geben, eine echte Kretasehnsucht befriedigt oder auch nur gehabt zu haben. Aus Kreta kehrte ich denn auch ohne Kretasehnsucht heim, haderte aber nicht lange, las Alfred Anderschs »Die Rote« sowie Peter Schneiders damals sehr beachtete Erzählung »Lenz« und orientierte mich neu. Schon zum nächsten Semester erweiterte ich meine Studienfächer um das Nebenfach Italianistik, besuchte einen Sprachkurs sowie ein politologisches Seminar über die Geschichte der Kommunistischen Partei Italiens von der Gründung bis zum Compromesso storico und widmete mich nun meiner

Italiensehnsucht. Eine Italiensehnsucht fügte sich sowieso viel besser in das Germanistikstudium als eine
Frankreich- oder Griechenlandsehnsucht. Allerdings
habe ich meine damaligen Wünsche weitaus weniger
nach ausbildungsstrategischen Gesichtspunkten organi-
siert, als ich es mir hier unterstelle. Ich habe mich damals
vielmehr auf durch und durch spontane und vollkommen
authentische Weise nach Italien gesehnt, auch wenn ich
feststellen mußte, daß sich in diesem Wintersemester, es
war um 1975 herum, komplette germanistische Grund-
kurse nach Italien zu sehnen begannen. Von den Politolo-
gen, Philosophen und Psychologen gar nicht zu reden,
die sich nach dem Eurokommunismus, dem Compromesso storico, nach Gramsci, der Festa del'Unità, aber
auch nach den Roten Brigaden, der Lotta continua, der
Psychatriereform Bassaglias, nach der Scuola di Barbiana
sowie psychologischen Fachzeitschriften sehnten, die
nicht einfach »Psyche« oder »Zeitschrift für Psycholo-
gie« hießen, sondern Namen trugen wie »Il piccolo
Hans«. All dies schien auch mir äußerst attraktiv, so wie
mir auch Pasolini, Moravia, Pavese attraktiv erschienen,
ohne daß ich deren Werke wirklich kannte. Aber es war
eben die »Italianitá«, die von ihnen ausging. Und allein
der Klang der italienischen Namen und Worte war ein
Versprechen. Was war schon, rein phonetisch gesehen,
der »Tagesspiegel« gegen den »Corriere della Sera«, was
der »Ernst-Reuter-Platz« gegen die »Piazza di Spagna«,
was ein »Guten Tag« gegen ein »Buon giorno«? Oder, ein
wenig emphatischer und mit Ernst Bloch gesprochen:
»Die Sprache strömt, wie die Fontäne aus dem Mund einer Brunnenfigur, und die Vokale haben ein verwandtes
Metall wie die Farben aus dem Stanniol der Pralinés, wie
das grüne, goldene, blaue Erz eines italienischen Feuer-

werks, dieses geliebtesten aller Spektakel, dieser Grund-
erscheinung von fließendem Glanz.« Zu den kulturellen,
politischen und phonetischen Aspekten kam freilich ein
entscheidender noch hinzu: der erotische Aspekt. Ein
Aspekt, der beim Reisen generell nicht unterschätzt werden sollte. Reisen wir nicht immer, wenn wir reisen, um
den bekannten Scherz auch an dieser Stelle nicht uner-
wähnt zu lassen, gen Italien? Und tun wir es nicht erst
recht dann, wenn es wirklich nach Italien geht? Ob der
erotische Wunsch auch seine Erfüllung findet, ist jedoch
eine ganz andere Frage. Die Italien-Erfahrungen der Literatur geben hierauf sehr unterschiedliche Antworten.
Goethe verlor, wenn wir der These Eislers folgen, gewissermaßen programmgemäß in Italien seine Unschuld.
Und Goethe selbst hatte ja auch keinerlei Hemmungen,
die Liebe in Rom als eine Art Rom-Schulung zu deuten:
»Erst die Liebe lehrte mich Rom verstehen«, bekannte er
in einem Gespräch. Von diesem Bekenntnis war es denn
auch nicht mehr weit zu der erotisch-ästhetischen Bildungsutopie, die er in der 5. Römischen Elegie entwarf:

»Froh empfind' ich mich nun auf klassischem Boden
                                                  begeistert,
Vor- und Mitwelt spricht lauter und reizender mir.
Hier befolg' ich den Rat, durchblättre die Werke der
                                                      Alten
Mit geschäftiger Hand, täglich mit neuem Genuß.
Aber die Nächte hindurch hält Amor mich anders
                                              beschäftigt;
Werd' ich auch halb nur gelehrt, bin ich doch doppelt
                                                  beglückt.
Und belehr' ich mich nicht, indem ich des lieblichen
                                                  Busens

Formen spähe, die Hand leite die Hüften hinab?
Dann versteh' ich den Marmor erst recht: ich denk' und
vergleiche,
Sehe mit fühlendem Auge, fühle mit sehender Hand.«

Diese Verse gehören für mich zum Schönsten, was über
Rom und das Italienerlebnis gesagt werden kann. Allerdings, und ich sage dies mit durchaus stellvertretendem
Bedauern, handelt es sich hierbei nicht um echte Erleb-
nislyrik. Goethes »Erotica Romana«, so der ursprüng-
liche Titel des Zyklus, sind zu einem guten Teil selbst
Resultat eines Bildungsprozesses und verdanken sich
der Beschäftigung mit den römischen Dichtern Catull,
Tibull, Properz und Ovid sowie den antiken »Carmina
Priapea«. Aber auch die Strophenform, das aus daktylischem Pentameter und daktylischem Hexameter zu-
sammengesetzte Elegische Distichon, zeigt, wie sehr die
Römischen Elegien sich auf literarhistorische, stoff- und
formgeschichtliche Kontexte beziehen und natürlich
auch von ihnen handeln. Insofern die Römischen Elegien
von erotischen Erfahrungen des Dichters erzählen, so
sind dies solche, die Goethe womöglich gar nicht in
Rom, sondern erst in der Beziehung zu Christiane Vulpius gemacht hat. Gleichwohl gibt es einige Indizien,
Roberto Zapperi hat dies dargestellt, daß Goethe in Rom
sehr wohl eine Affäre hatte, aber keine mit einer Frau namens Faustina. Für die Existenz einer Faustina ist jüngst
noch Nicolas Boyle im ersten Band seiner Goethe-Bio-
graphie eingetreten. Wobei Boyle sich wiederum auf einen gewissen Antonio Valeri und dessen Recherchen in
römischen Kirchenbüchern beruft. Roberto Zapperi
wiederum hat Valeris Quellen überprüft und ihn eines
Fehlers, wenn nicht einer Fälschung, überführt. Die be-

sagte Faustina, mit ganzem Namen Faustina di Gio-
vanni, konnte demzufolge gar nicht Goethes Geliebte
gewesen sein, denn sie war, so Zapperi, »schon mehr als
zwei Jahre tot, als Goethe nach Rom kam«. Natürlich ist
der von germanistischer Seite vorgetragenen These
gleichwohl nicht zu widersprechen, daß Goethes italienische Reise »zugleich eine Reise zum menschlichen
Körper« gewesen sei. Ungewiß aber bleibt, ob Goethe
auch beim menschlichen Körper angekommen ist. Seiner
Selbstsuggestion sowie seiner Dichtung nach ist er das.
Einige im Nachlaß enthaltene Dokumente, unter anderem Goethes Ausgabenbuch, geben darüber hinaus zu
der Vermutung Anlaß, daß Goethe in Italien auch Kon-
takt mit Prostituierten hatte. In diesem Ausgabenbuch,
welches Roberto Zapperi eingesehen hat, erscheint
mehrmals der Posten »donne«. »Für diese«, so Zapperi,
»bezahlte er 2 Lire in Padua am 26. September, 1 Lira am
28. September und 2 Lire am 14. Oktober in Venedig.«
Nun wären diese sexuellen Dienstleistungen, falls Goethe sie denn in Anspruch genommen hat, wohl nicht
dazu angetan, daß Hohelied auf die Einheit von Bildungsglück und Sinnenfreude zu singen. Doch auch
wenn er das spezielle und gesteigerte Glück der 5. Römischen Elegie gar nicht in Rom, sondern womöglich erst
nach seiner Italienischen Reise erfahren hat, macht dies
seine in den Römischen Elegien gepriesenen erotischen
Erfahrungen insgesamt natürlich nicht weniger wertvoll.
Es zeigt uns allenfalls einmal mehr, das Glückserfahrun-
gen sich wohl dem eigenen Erleben verdanken, oftmals
aber auch nachgetragener Erfahrung oder nachträglicher
Konstruktion bedürfen. Was für Goethe unter anderem
auch heißt, daß Rom und das Italienerlebnis für ihn nicht
ohne Weimar zu haben waren. Falls Goethe in Rom ein

ernstzunehmendes Liebesverhältnis mit einer Frau gehabt hat, und zwar eines mit einer Frau aus sogenannten
einfachen Verhältnissen, dann hat dieses auch nach Weimar und in sein künftiges Leben hineingewirkt. »Die
reifste Frucht dieser römischen Liebe«, schreibt Roberto
Zapperi, »erntete er in Weimar, als er zwei Wochen nach
seiner Rückkehr Christiane Vulpius kennenlernte (...)
Mit ihr ging er jenes Liebesverhältnis ein, das er in Rom
erprobt hatte.« Doch nicht nur Rom und das Italienerlebnis waren für Goethe nicht ohne Weimar zu haben.
Auch umgekehrt gilt: daß Weimar für ihn nicht ohne Italien und Rom zu haben gewesen ist.

Dem vollendet wechselseitigen Sinnen- und Bildungsglück der fünften Römischen Elegie entspricht Goethes
berühmtes Bekenntnis aus der »Italienischen Reise«,
welches sozusagen die äußerste Zielvorgabe formuliert
für das, was es heißen kann, in Rom gewesen zu sein.
»Und ich zähle«, so Goethe, »einen zweiten Geburtstag,
eine wahre Wiedergeburt, von dem Tage an, da ich Rom
betrat.« Diese Zielvorgabe läßt sich kaum noch steigern.
Allenfalls epigonal nachahmen oder aber destruieren
und desillusionieren. In der literarischen Romerfahrung
nach Goethe finden sich zahlreiche Beispiele sowohl emphatischen als auch desillusionierten Italienerlebnisses.
Wobei letzteres oft das menschlich aufschlußreichere
und literarisch interessantere ist – bis hin zu Rolf Dieter
Brinkmanns großer und fragmentarischer Rom-Desillu-
sion »Rom, Blicke«. Doch wäre Goethe nicht Goethe
und Italien auch nicht Italien, wenn Goethe nicht selbst
der eigenen Italien-Begeisterung seine Italien-Enttäuschung an die Seite gestellt hätte. Die Stadt Rom hatte
Goethe seiner Selbstdeutung nach aus einem gewisser-

maßen entwicklungspsychologischen Mittelalter erlöst
und ihm eine persönliche Renaissance beschert. Anders
Venedig. Selbst wenn wir davon ausgehen müssen, daß
Goethes Wiedergeburts-Topos sich auch einer konstru-
ierten und nachgetragenen Begeisterung verdankt, so
müssen wir angesichts Venedigs feststellen, daß Goethe
hier gar nicht erst auf den Gedanken kommt, ein Vene-
dig-Erlebnis im emphatischen Sinne zu konstruieren.
Venedig scheint von vornherein nicht Goethes Stadt. Im
September 1786 bricht er nach Italien auf und reist zum
erstenmal auch nach Venedig. Über den Brenner und Ve-
rona geht es bis nach Padua, wo er ein Schiff besteigt und
die Reise auf dem Brentakanal fortsetzt und damit das
tut, was man als Venedigneuling idealerweise immer tun
sollte: sich der Stadt vom Meer aus nähern. Doch so
grandios diese Ankunft über den Giudeccha-Kanal auch
sein mag: Goethe widmet ihr wenig Aufmerksamkeit,
wie ihn die ganze Stadt nicht wirklich berührt. Er be-
wundert die Bauten Palladios, vermerkt aber auch »man-
ches Tadelnswürdige«, er beklagt den Schmutz und die
Unreinlichkeit der Venezianer, ist sich aber zugleich sicher, daß man sich um die Stadt nicht zu sorgen braucht.
Nach vierzehn Tagen, etlichen Theaterbesuchen und den
üblichen Besichtigungen reist Goethe mit dem Kurier-
schiff Richtung Ferrara weiter und notiert unter dem
Datum des 14. Oktober 1786: »Ich verlasse Venedig
gern.« Vier Jahre später, im März 1790, reist Goethe erneut nach Italien. Diesmal aber ist es eine Art Dienstreise
mit dem ausschließlichen Ziel Venedig und dem Zweck,
die Herzogin Anna Amalia dort abzuholen. Eine Frucht
dieser Reise sind die Venetianischen Epigramme, die
Erich Trunz, der Herausgeber der Hamburger Ausgabe,
»Nebenwerk«, »spielerische Arabeske« und »weitge-

hend ein Werk des Unmuts« nennt. Nun ist Unmut nicht der schlechteste Schreibanlaß. Darüber hinaus handelt es sich bei dem sogenannten Nebenwerk um einen umfangreichen Zyklus von immerhin 104 Texten. Goethes Unmut muß also ziemlich groß gewesen sein. Worauf aber richtet er sich? Gegenstand von Goethes Unmut ist, mit einem Wort: Italien. Während dieser Reise wird, wie Goethe am 3. April 1790 an Carl August schreibt, seiner Liebe zu Italien »ein tödlicher Stos« versetzt. In einem Brief an Herder spricht er gar »vom Sauleben dieser Nation« und im 4. der Venetianischen Epigramme heißt es denn auch mit bitterem Resümee: »Das ist Italien nicht mehr, das ich verließ.« Wobei gerade dieser Text den Eindruck hinterläßt, als sei aus dem sinnen- und bildungsfrohen Reisenden nun ein deutscher Beamter preußisch-wilhelminischer Prägung geworden, der sich pedantisch über fremdländischen Lebensstil entrüstet: »Deutsche Redlichkeit suchst du in allen Winkeln vergebens; Leben und Weben ist hier, aber nicht Ordnung und Zucht.« Ist nicht gerade dies, das Fehlen von »Ordnung und Zucht«, einer der Gründe, warum wir Italien lieben? Und ging es Goethe vormals nicht ebenso? Ich muß gestehen, daß mir dieser Vers äußerst mißfällt. Goethes Italien-Enttäuschung ist meine Goethe-Enttäuschung. Und dies nicht etwa, weil Italien nicht genügend Anlässe lieferte, um enttäuschend zu sein. Sondern nur deshalb, weil Goethe diese Enttäuschung nicht aushält und glaubt, eine sozusagen deutsche Alternative formulieren zu müssen. Hier bleibt der Dichter weit unter seinen Möglichkeiten. Oder gehört das Reden von Zucht und Ordnung zu seinen Möglichkeiten dazu? Konnte er nur Sinnenfreude und Bildungsglück feiern, weil beides für ihn das schlechthin andere ist? Das wäre, goethisch gesprochen,

Goethe nicht mehr, über den wir so denken müßten. Ein
von Wilhelm Emrich übermitteltes Diktum lautet: »Ein
Deutscher ohne Italienerlebnis ist gar kein Deutscher.«
Müssen wir diesen Satz nun um den Zusatz ergänzen,
daß ein Deutscher ohne Italienenttäuschung noch viel
weniger ein Deutscher ist? Immerhin macht der ent-
täuschte Goethe, nachdem er sich noch ein wenig über
die landeseigenen korrupten Sitten entrüstet, wenigsten
die Konzession, daß er sagen kann: »Schön ist das Land!«
»Doch«, fügt er sogleich hinzu, »Faustinen find' ich
nicht wieder.« Liegt hier vielleicht der geheime Schlüssel
seines Unmuts? Statt Faustinen zu finden, muß er Anna
Amalia abholen. Die Herzoginmutter allerdings ließ auf
sich warten, und Goethe, der am 31. März in Venedig
eintraf und am Rialto Quartier nahm, verbrachte mehr
als vier ungewisse Wochen in Venedig, bevor er erfuhr,
wann Anna Amalia überhaupt eintreffen würde, um
dann, statt sechs Wochen, insgesamt ein Vierteljahr in
Venedig bleiben zu müssen. Daß er darüber unmutig
wurde, ist leicht verständlich. Hat der in einem regneri-
schen und kühlen Venedig zum Ausharren Verurteilte
seinen Unmut etwa auf das Land verschoben, um nicht
ungünstig über den Herzog oder dessen Mutter zu denken? Schreibt er, der sich »Erlösung aus diesem Stein-
und Wasserneste« wünscht, am Ende deshalb, aus ver-
borgenem Unwillen heraus und um sich selbst dankbar
zu stimmen, eines der Epigramme als Herrscherlob auf
Carl August: »Denn mir hat er gegeben, was Große selten gewähren,/Neigung, Muße, Vertraun, Felder und
Garten und Haus.« Oder ist Faustina eben doch nur eine
Chiffre, nur der Programmname für die in Italien erfah-
rene beziehungsweise auf den römischen Aufenthalt
projizierte Synthese von Sinnenfreude und Bildungs-

glück? Wie auch immer: Alles Gute scheint nun gänzlich in Weimar zu sein. Wenn ich oben gesagt habe, daß Rom für Goethe nicht ohne Weimar und Weimar auch nicht ohne Rom zu haben war, so sieht es nun ganz danach aus, als ob ihm Weimar nun alles ist. Nicht nur sein Fürst, der großzügige Mäzen, ist in Weimar, sondern auch die geliebte Frau:

»Glänzend sah ich das Meer, und blinken die liebliche
                                                    Welle,
Frisch mit günstigem Wind zogen die Segel dahin.
Keine Sehnsucht fühlte mein Herz; es wendete rück-
                                                    wärts,
Nach dem Schnee des Gebirgs, bald sich der schmach-
                                                    tende Blick.
Südwärts liegen der Schätze wie viel! Doch einer im
                                                    Norden
Zieht, ein großer unwiderstehlich zurück.«

Das ist rührend. Das ist sehr schön. Auch für Christiane natürlich. Doch ist es nicht auch ein wenig engstirnig, nun das heimische Glück auszuspielen gegen den Eros der Fremde? Sollte nicht beides in der Schwebe gehalten werden, in spannungsvoller Ambivalenz, und sollte nicht das eine im anderen und das andere im einen gesucht und vielleicht auch gefunden werden? Wobei ich dies nicht als Aufforderung zur Untreue oder zum Ehebruch mißverstanden wissen möchte. Sondern nur dazu, Ambivalenz auszuhalten. Doch Goethe will jetzt Eindeutigkeit. Denn er hat, was er möchte: »Welch ein Mädchen ich wünsche zu haben? Ihr fragt mich. Ich hab' sie.« Und da er nun hat, was er möchte, findet er nicht mehr, was er einst hatte: »Das ist Italien nicht mehr, das ich verließ.«

Wer zum erstenmal nach Rom reist, der muß dies nicht,
ungeachtet der gewichtigen Tradition deutscher Romrei-
sender, im Bewußtsein dieser Tradition tun. Der normale
zweiundzwanzigjährige Rucksacktourist wird vielleicht
ebenso nach Rom fahren wie er nach Paris oder London
fährt. Anders steht es mit dem nicht mehr zweiundzwan-
zigjährigen, sondern sechsunddreißigjährigen Autor, der
zu Gast in der Villa Massimo ist. Wenn dieser Autor zudem noch Germanistik studiert hat und das gleiche Fach
nun unterrichtet, natürlich Rolf Dieter Brinkmanns
»Rom, Blicke« gelesen, über Wolfgang Koeppen promo-
viert und nicht wenige Seiten seiner Doktorarbeit Wolfgang Koeppens »Tod in Rom« gewidmet hat, dann wäre
es beinahe eine Untertreibung zu behaupten, daß sich
dieser Autor der Villa Massimo auf eine Weise nähert, für
die Thomas Mann bei anderer Gelegenheit die Wendung
»Mit schon gestalteter Empfindung« gefunden hat.
Meine Empfindung war mehr als schon gestaltet, sie war
sozusagen in Stein gemeißelt, als ich an einem Samstagnachmittag im April 1988 vor der großen Pforte am
Largo di Villa Massimo stand. Wohl kannte ich Rom,
wohl hatte ich schon zwei Jahre als Deutschlektor in Italien gelebt und gearbeitet, nun aber stand mir etwas
bevor, was gewissermaßen zu den institutionell vorge-
sehenen Sozialisationsetappen eines deutschen Autors
gehört. Wer noch kein Schriftsteller war beziehungsweise sich bis jetzt noch wie keiner gefühlt hat, der durfte
und mußte nun einer sein und sollte sich wennmöglich
auch dementsprechend fühlen. Ich fühlte mich an diesem
Samstagnachmittag allerdings eher wie ein Mensch, der
den Schriftsteller bloß darstellt. Aber auch darzustellen
bereit ist – man will ja nicht undankbar sein. Wenn der
Stipendiat, der einen Schriftsteller darzustellen bereit ist,

an der Pforte der Villa Massimo klingelt, dann öffnet ihm der Pförtner. Den Pförtner, der mir öffnete, glaubte ich bereits zu kennen: aus einem Gedicht von Rolf Haufs. Er begrüßte mich und gab mir den Schlüssel für die Pforte, den Briefkasten und die Wohnung im sogenannten Villino, einem Wohntrakt mit römischem Innenhof am Ende des Geländes und den Autoren vorbehalten, die ja nicht wie die bildenden Künstler große Ateliers benötigten. Der Pförtner ermahnte mich zugleich, es nicht so zu tun, wie es Rolf Dieter Brinkmann oft getan hatte: den Schlüssel zu vergessen und ihn, den Pförtner, nachts mit Gebrüll aus dem Schlaf zu reißen. »Machen Sie es nicht wie Brinkmann«, sagte der Pförtner, und ich versprach es ihm. Nicht nur mit dem Schlüssel wollte ich es nicht wie Brinkmann machen. Ich wollte es, bei aller Wertschätzung, insgesamt nicht machen wie Brinkmann. Zugleich war ich beeindruckt. Unlängst noch hatte ich in einem Seminar in der Freien Universität Brinkmann-Gedichte analysiert. Nun sagte mir ein römischer Pförtner, den ich aus einem Gedicht von Rolf Haufs kannte: »Machen Sie es nicht wie Brinkmann!« »Lebendige Literaturgeschichte«, sagte ich zu mir selbst und meinte damit natürlich nicht mich, sondern den Pförtner, der mir noch immer die verschiedenen Schlüssel erklärte. Dann führte er mich über den langen Kiesweg ins Villino und zur Wohnung Nummer 11. Brinkmann hatte gleich nebenan, allerdings außerhalb des Villino, im Atelier 10 gewohnt, das er in »Rom, Blicke« folgendermaßen beschreibt: »Fleckig, groß und leer, nichts für mich zum Arbeiten, Namensschmierereien an der Eingangstür, ich denke, ich habe das schäbigste hier bekommen, verwohnt, grauer, verblaßter Anstrich.« Keine Ordnung und keine Renoviertheit also in Brinkmanns Villa Massimo. Geradezu

bescheiden, wenn auch ein wenig snobistisch dagegen
Ernst Jünger, der am 20. März 1968 in der Villa Massimo
eintrifft und lediglich notiert: »Einrichtung. Die Möbel
sind einfach, auf die Bilder könnte ich, besonders hier in
Rom, verzichten.« Vor dem Tor des Villino hockten mehrere Katzen, die ich aus einem Gedicht von Karl
Alfred Wolken kannte. Eine der Katzen war besonders
wohlgenährt und schmiegte sich sogleich an mich. Die
Katze hieß Carlo und war offensichtlich auf vereinsamte
Neuankömmlinge spezialisiert, die gar nicht anders
konnten, als das Tier sogleich ins Herz zu schließen und
während des weiteren Aufenthalts mit Dosenfutter zu
versorgen. Der Pförtner mochte die Katze nicht, nannte
sie »brutta bestia« und wollte ihr einen Tritt verpassen,
was ich mit der Bemerkung »bellissimo gatto« gerade
noch verhindern konnte. Der Pförtner nahm diese Bemerkung wohl schweigend, aber mit einem schadenfrohen Gesichtsausdruck zur Kenntnis. Ich habe während
der nächsten Monate noch verschiedene Male diesen
schadenfrohen Ausdruck im Gesicht des Pförtners gesehen und mich jedesmal darüber geärgert. Was hatte der
Pförtner zu grinsen, wenn er meiner ansichtig wurde?
Grinste er nur, wenn er mich sah, oder grinste er auch bei
den anderen? Hatte er auch bei Rolf Dieter Brinkmann
oder gar bei Ernst Jünger gegrinst? Ich wußte es nicht,
ahnte aber, daß der Mann den ganzen Betrieb nicht sonderlich ernst nahm. Oder nur insoweit, als er ihm seinen
Lebensunterhalt sicherte. Aber er nahm die Stipendiaten
nicht ernst. Sie mußten ihm wie verirrte Schafe vorkom-
men, die auf fremden Weiden fremdes Gras kauten und
ihren Hirten suchten. Den Hirten gab es nicht. Es gab nur
die Direktorin und ihren Ehemann, die ich beide sowohl aus »Rom, Blicke« als auch aus Jüngers Tagebuch

»Siebzig verweht« kannte. Den Ehemann kannte ich darüber hinaus aus seinem Buch »Eigenleben«, das den Untertitel »Gedichte aus der Villa Massimo« trägt. Der schon in der ersten Woche meines römischen Aufenthaltes einsetzende Lärm aus einem der Nachbarateliers, der von einer Trennscheibe stammte, war mir wiederum aus einem Gedicht von Rainer Malkowski vertraut. »Fast jeden Tag/«, heißt es dort, »schickt der Bildhauer aus seinem Atelier/Geräusche des Ansporns/zu mir herüber –/ heute zum Beispiel den grellen/Sirenengesang der Trennscheibe.« Ein beneidenswert versöhntes Verhältnis zu Trennscheiben drückt sich hier aus, das mir allerdings während meines Romaufenthaltes so nicht vergönnt war. Vergönnt war mir dagegen, den »tödlichen Ernst der Cypressen« ebenso zu empfinden, wie ihn Marie-Luise Kaschnitz in ihrem Gedicht »Villa Massimo« empfunden hatte. Die Zypressenreihe, die den Teil des Gartens, in dem sich die Bocciabahn befand, vom Rest des Geländes trennte, war mir bereits in einem Gedicht von Karl Alfred Wolken als »die schwarze Wand der Zypressen« begegnet. Die Bocciabahn wiederum kannte ich aus einem Text von Friedrich Christian Delius. Delius' Gedicht hieß »Kunst in Honolulu«, wobei Honolulu die Villa Massimo ist. Wolkens Gedicht hieß »Unter dem Hitzebaum«, und damit konnte nur der Baum gemeint sein, der vor dem Haupthaus stand, inmitten einer Kiesfläche. Über die Kiesfläche bin ich oft, um nicht zu sagen: verzweifelt oft gegangen, um im Leseraum des Haupthauses nach deutschen Zeitungen zu schauen. »Hinter der Mauer«, schreibt Delius, »hinter Stacheldraht/findet, wer reinkommt, Honolulu:/echtes Naturgrün und Appartements,/Bocciabahn und FAZ (...).« Zu ergänzen ist: Auch die »Süddeutsche Zeitung« fand ich hier. In letz-

terer konnte ich einige Zeit nach meinem Massimo-Auf-
enthalt einen ausführlichen, von späteren Stipendiaten
verfaßten Beschwerdeartikel über die Direktorin lesen,
der nach längeren Auseinandersetzungen sogar zur Kün-
digung der Direktorin führte. Ihr wurde vorgeworfen,
sich nicht genug um die Stipendiaten gekümmert zu haben. Die verirrten Schafe wünschten einen guten Hirten.
Die Direktorin und ihr Mann waren keine guten Hirten,
sondern reservierte Menschen, was ich an ihnen immer
geschätzt hatte. Ich hatte ihre Zurückhaltung als Diskre-
tion empfunden, nicht als Vernachlässigung. Gleichwohl
fehlte auch mir ein guter Hirte. Der Villa-Massimo-Sti-
pendiat ist, wenn er sein Stipendium ohne Partner oder
Familie antritt, ein einsamer Mensch. Diese Einsamkeit
läßt sich eine Zeitlang durch Ausflüge in die Stadt bekämpfen. Da die Villa Massimo nicht im Zentrum Roms,
sondern außerhalb der Stadtmauern und in der Nähe der
Piazza Bologna liegt, muß man in die Stadt fahren, um
sich in Rom zu fühlen. Das tut man einige Male, dann tut
man es nicht mehr. Oder immer seltener. Nicht nur, weil
die Fahrt mit dem Linienbus eine sehr prosaische, ange-
stelltenhafte Angelegenheit ist, sondern auch, weil einen
die Einsamkeit in der Villa Massimo auch im römischen
Zentrum nicht verläßt. Der Römer ist ein Mensch, der
dazu neigt, einen deutschen Schriftsteller zu ignorieren.
Und der deutsche Schriftsteller ist ein Mensch, der in Italien und speziell in Rom erlöst werden möchte. Besonders der in Ostwestfalen geborene Schriftsteller möchte
in Italien und speziell in Rom erlöst werden: von seiner
Einsamkeit, seiner Geschichtsferne, seiner emotionalen
Bemoostheit, seiner Mythenleere, von seiner inneren Pi-
nien- und Zypressenlosigkeit insgesamt. Darüber hinaus
wollte ich nach einigen Wochen Villa Massimo auch von

meinem Dasein als Lyriker erlöst werden. Ich war als
Lyriker in die Villa Massimo gekommen, und mir wurde
nun bewußt, daß meine bisherige lyrische Produktion
eine Art gelebte Arbeitsstörung war. Wohl hatte ich bisher drei Gedichtbände geschrieben, aber die Gedichte
waren immer dann entstanden, wenn ich mit dem germanistischen Schreiben Probleme hatte. Eine Reihe von Gedichten schrieb ich, während ich an meiner Staats-
examensarbeit arbeitete. Weitere Gedichte entstanden,
während ich meine Dissertation schrieb. Sobald die germanistische Arbeit stockte, verlegte ich mich trotzig aufs
Gedichteschreiben. Stockte dann das Gedichteschreiben, verlegte ich mich ebenso trotzig wieder aufs Schreiben der Staatsexamens- beziehungsweise Doktorarbeit.
So daß in gewisser Weise meine damalige Gedichtpro-
duktion nicht nur das Resultat einer germanistischen Arbeitsstörung, sondern die Examens- und Doktorarbeit
auch das Resultat einer lyrischen Arbeitsstörung waren.
Ich spielte das Germanistische gegen das Literarische
und das Literarische gegen das Germanistische aus, so
wie das Kind Vater und Mutter gegeneinander ausspielt.
Mal war ich im Bunde mit diesem und mal im Bunde mit
jener. Die Strategie hatte sich bewährt, die Eltern –
sprich: Literaturwissenschaft und Literatur – hatten sich
nicht gegen mich verschworen. Und am Ende war das,
was ich tun wollte, denn auch halbwegs getan, und ich
schien zudem Villa-Massimo-reif. Unter Villa-Massimo-
Reife verstand ich die Fähigkeit, mich wie ein professio-
neller Autor ganz dem Schreiben zu widmen. »Die Vorstellung«, äußerte Hans Magnus Enzensberger im Jahr
1999 in einem Rundfunkgespräch, »daß man nach dem
Frühstück sich hinsetzt und dichtet bis es fünf Uhr nach-
mittags ist und dann sozusagen die Mappe zumacht, ist ja

eine perverse Vorstellung, und ich finde es ein bißchen
krankhaft.« Dies war genau die Vorstellung, die ich von
mir und meiner Arbeit in der Villa Massimo hatte. Morgens wollte ich mich hinsetzen und am Nachmittag wieder aufstehen, die Mappe zumachen und mich meines
Tagwerks erfreuen. Doch wenn ich am Nachmittag in
der Villa Massimo von meinem Schreibtisch aufstand,
dann war da wohl eine Mappe, aber kein Tagwerk. Statt
dessen aber die wachsende Überzeugung, daß sich regel-
mäßige Arbeitszeiten mit dem Handwerk des Gedichte-
schreibens nicht vertragen. Regelmäßig arbeiten, das
konnten nur die Prosaautoren, und sie machten es mir
auch vor. Während in meiner unmittelbaren Nachbarschaft wenigstens zwei Romane entstanden (den einen
schrieb Jochen Beyse und den anderen Bodo Kirchoff),
spannte ich leere und leer bleibende Blätter in die Ma-
schine, schlug die Zeit tot und entwickelte Idiosynkra-
sien. Anders als der lärmharmonische Rainer Malkowski
hörte ich nicht »wie die Geräusche starben/auf der Via
Ventuno Aprile«. Bei der Via Ventuno Aprile handelte es
sich um eine sehr befahrene Straße, die es ohne weiteres
mit der Straße des 17. Juni aufnehmen konnte und die zu
meinem Mißvergnügen dicht hinter dem Villino vorbeiführte. Saß man auf der Terrasse der oberen Wohnung des
Villino, dann konnte man die Via Ventuno Aprile sogar sehen. Ich wohnte in der unteren Wohnung und
hörte die Via Ventuno Aprile. Aber ich hörte nicht, was
Rainer Malkowski hörte: daß der Lärm auf der Via Ventuno Aprile erstarb. Ich hörte genau das Gegenteil. Nicht
nur der unablässig anschwellende Straßenlärm störte
mich, auch ein Brunnen im Hof des Villino, der vor sich
hinplätscherte und mir zu einer chronischen Blasen-
reizung verhalf. Irgendwann begannen mich auch die

Hunde der Direktorin zu stören, obwohl diese nur schla-
fend auf der Treppe des Haupthauses lagen. Aber je weniger ich schrieb, um so mehr betrachtete ich die Hunde
als persönliche Behinderung. Die schlafenden Hunde
waren eine Boykottmaßnahme. Sie schienen zu schlafen,
aber in Wahrheit unterminierten sie meine literarische
Arbeit. Und es gab Tage, da hatte ich das Gefühl, daß sich
selbst der Kiesweg vor dem Villino gegen mich verschworen hatte. Doch weder auf den Verkehrslärm, noch
auf den Brunnen, den Kiesweg oder die Hunde hatte ich
einen Einfluß. Das einzige, was ich beeinflussen konnte,
war mein Arbeitsverhalten. Also beschloß ich, nicht
mehr zu schreiben, was zu einer sofortigen Entlastung
führte, die allerdings nicht sehr lange anhielt, sondern
sich in Überdruß, Langeweile und Depression zu verwandeln drohte. Was hätte mich retten können? Vielleicht eine Liebschaft mit einer jungen Römerin? Daran
war nicht im entferntesten zu denken. Wohl sah ich viele
Faustinen auf den Straßen und Plätzen Roms. Schöne,
schönste und unbeschreibliche waren darunter. Doch die
Faustinen sahen mich, den Stipendiaten, nicht. Was also
hätte mich retten können? Vielleicht ein anderes Stipendium. In Wewelsfleth oder Bergen-Enkheim. Aber war
Rom nicht die Krönung? Und muß nicht, wer Rom nicht
erträgt, in Wewelsfleth oder Bergen-Enkheim augen-
blicklich zugrunde gehen? Die Rettung stellte sich dann
doch noch ein, und sie bestand, um es kurz zu machen,
darin, daß ich mir irgendwann vornahm und vornehmen
konnte, nicht mehr Lyrik, sondern Prosa zu schreiben.
Doch bis dahin verging einige Zeit. Vorher mußte ich
noch einen glühendheißen Sommer über mich ergehen
lassen, den ich mir heute als eine Art Initiation, als Initiation ins Erzählen deute. Wobei der Sommer insgesamt

sehr heiß, der August aber von gleichsam mythischer
Gluthitze erfüllt war. Ich war und bin allerdings der
Überzeugung, daß mir der August, auch der heißeste, im
Grunde nichts anhaben kann, denn er ist mein Monat.
Ich bin dem August nicht nur entsprungen, sondern
bilde mir ein, ihm auch gewachsen zu sein. Ich wurde am
zwölften des Monats geboren, drei Tage vor Ferragosto
und dem Tag, an dem in Italien die Fieberkurve am höch-
sten steht, an dem der Sommer Land und Stadt in die To-
tenstarre zwingt. Ich genoß den römischen August –
doch ich erduldete ihn auch. Er nahm mir den Atem im
übertragenen wie im wörtlichen Sinne und stattete mich
mit überaus zwiespältigen Empfindungen aus, eine Art
wollüstige Niedergeschlagenheit gehörte ebenfalls dazu
wie Momente bleischwerer Aufbruchsstimmung. Möglicherweise sind dies Empfindungen aus dem Stadium,
welches Sigmund Freud das polymorph-perverse nennt
und in welches einen die römische Augusthitze anscheinend gelegentlich zu versetzen imstande ist. Daß es
Glückszustände sind, möchte ich nicht behaupten, aber
unglücklich machen sie auch nicht. Es sind vor allem ge-
mischte Empfindungen, die sich wohl einer Regression
verdanken, einer scheinbaren Zurücksetzung ins Intra-
uterine, in dessen Wärmeregionen der im August Geborene ja auch nach seiner Geburt noch für einige Zeit bleiben darf. Daß der südliche, mediterrane Sommer ein
Regressionsangebot bereithält, mag allerdings nicht nur
für das Augustkind ein Grund sein, den Süden zu suchen. Ins Warme sehnen sich viele, und wohl die meisten
müssen die Erfahrung machen, daß der Süden zwar
warm, aber auch doppelgesichtig ist. Was Goethe angesichts seines zwiespältigen Eindrucks über die Stadt
Vicenza sagt, das ließe sich gewiß auch über Italien und

den italienischen Sommer insgesamt sagen: »(...) denn ich finde auch hier leider gleich das, was ich fliehe und suche, nebeneinander.« Wobei ich glaube, daß die Faszination des Südens eben nicht nur darin besteht, daß wir das im Süden suchen, wonach wir uns sehnen, sondern zugleich darin, daß wir im Süden auch das suchen, was wir fliehen und fürchten. Ich meine damit die todesstarre und tief verzweifelte Seite des südlichen Sommers, die seinem Eros und seiner Sinnlichkeit wie ein Zwilling beigesellt ist. Mich jedenfalls hat die mediterrane Hitzestarre, das Schattenlose, Lebensleere und Apathische immer sehr angezogen und immer sehr traurig gestimmt. Und dies wohl auch, weil ich darin die Leere meiner Kindheitssommer wiedergefunden habe, die ostwestfälische Hitze und das ostwestfälische Brüten. Wie die meisten erinnere auch ich die Kindheitssommer als sehr heiße Sommer. In meiner Erinnerung sind die ostwestfälischen Sommer geradezu sizilianisch. Die ostwestfälischen Sommer waren so heiß, daß die Spatzen wie Dörrobst von den Bäumen fielen. Die ostwestfälischen Sommer waren an ihren heißesten Tagen eine Art Schwelbrand, unter dem alles Leben erstickte. Leider erstickten auch die Dämonen. Zwar wußte ich damals noch nichts von den demoni meridiani, den Dämonen des Mittags, wie sie die Landschaften des Südens bevölkern, aber ich vermißte sie trotzdem. Der sommerliche ostwestfälische Schwelbrand blieb mythenleer und bilderlos. Keine Empusa, keine Sirenen und Nymphen, kein Pan im Gebüsch. Nicht eine einzige Grille zirpte. Nur die Schmeißfliege schillerte grün. Heute glaube ich, daß auch in Westfalen gelegentlich die Grillen zirpen und daß der panische Schrecken auch einem westfälischen Schaf in die Glieder fahren kann. Und heute weiß ich auch, daß es in

Italien nicht nur unerträglich laut, sondern zuweilen
auch unerträglich still ist. Doch haben mir die leeren,
apathischen Stunden des Südens meistens einen Rest Pa-
thos und das ermöglicht, was man »the joy of grief«
nennt: die Freude und das Wohlgefallen an der Trauer.
Wohingegen die westfälische Verzweiflung nichts bereit-
hielt, um die Seele an ein Bild, einen Traum, eine Flucht-
phantasie oder einen Seelenführer zu heften, der mich
hinausführen würde. Jungianisch gesprochen: Keine
noch so verhauchte Anima, nicht der armseligste Arche-
typus tauchte in meinem Inneren auf. Was konnte ein
junger Mensch in der ostwestfälischen Provinz imaginie-
ren an so einem glühenden Mittag, dem ein unendlicher
Nachmittag folgen würde? Welcher phantasmatischen
Grenzüberschreitung konnte er sich hingeben? Allenfalls: Ich nehme den Bus nach Bielefeld! Doch will ich die
innere Bilderlosigkeit nicht der Region anlasten. Diese
Bilderlosigkeit ist, ich habe es beschrieben, wohl eher ein
Familiennachlaß. Und ich war ein durchaus dankbarer
Nachlaßverwalter, denn selbst noch Rom, das geschich-
tete, erinnerungssatte Rom, war für mich nicht frei von
westfälischer Ausweglosigkeit. Speziell die Gegend um
die Villa Massimo konnte erdrückend ausweglos sein,
und ganz besonders die Piazza Bologna, der Ort, an dem
die Busse halten. Aber auch der Ort, an dem der Villa-
Massimo-Stipendiat zum Kiosk und zur Post geht. Wobei es sich bei der Post an der Piazza Bologna um ein Vor-
zeigebauwerk des faschistischen Italien handelt. Erbaut
in den frühen dreißiger Jahren von Mario Ridolfi und ein
Beispiel dessen, was Mussolini sich unter einem »Roma
Moderna« vorgestellt hatte. Die Post an der Piazza Bologna wäre in ihrer erkalteten Modernität der richtige
Ort für den Villa-Massimo-Gast Ernst Jünger gewesen.

Doch ging Ernst Jünger an der Piazza Bologna nicht zur
Post, wohl aber, wie wir seinen Tagebüchern entnehmen
können, zum Friseur. Rolf Dieter Brinkmann widmete
der Piazza Bologna sogar eine Hymne, die inzwischen
kanonisiert ist und in keiner Rom-Anthologie fehlt. Sie
heißt »Hymne auf einen italienischen Platz« – und ich
zitiere die ersten und die letzten Zeilen:

»O Piazza Bologna in Rom! Banca Nazionale Del
Lavoro und Banco di Santo Spirito, Pizza Mozzarella
Barbiere, Gomma Sport! Gipsi Boutique und Willi,
Tavola Calda, Esso Servizio, Fiat, Ginnastica
(...) O Farmacia Bologna, kaputte Hausecke,
Senso Unico! O Scusi! O Casa Bella! O Ultimo Tango
Pomodoro! O Sciopero! O Lire! O Scheiß!«

Man sollte nicht glauben, daß dieser Text interpretati-
onswürdig ist, scheint er doch bloß herumliegendes
Wortmaterial zusammenzusammeln – Inschriften, Illu-
striertentitel, Reklametafeln und all das, was man an einem Ort wie der Piazza Bologna finden kann. Er tut dies
zwar nicht fehlerfrei – weder eine »Banca Commerziale«
(vgl. Strophe 6) noch »Tee Fredo« (vgl. Strophe 3) wird
man hier oder anderswo in Italien finden – aber er tut es
äußerst formbewußt. Der Leser dieses Gedichts, heißt es
in einem Kommentar (von Hannelore Schlaffer), sollte
nicht allein mit den Regeln des antiken Hexameters vertraut sein, »sondern ebensogut mit den Umbildungen,
die die deutsche Klassik sich mit diesem Metrum erlaubte. Dann erst weiß er, an welchen Stellen Spondeen
und Trochäen durch Jamben ersetzt werden dürfen, um
endlich in den acht Scheinstrophen – auch diese vorgeb-
liche Gliederung war in der Antike üblich – regelgetreue
sechsfüßige Verse ausmachen zu können, die lediglich

die letzte Zeile als kurzangebundener Stoßseufzer fünf-
füßig beendet.« Das ist gelehrt und fügt sich gut in eine
Poetikvorlesung. Ob Brinkmann wirklich wußte, was er
metrisch tat, als er den Text schrieb, ist allerdings eine andere Frage. Ich habe meine Zweifel, will aber dem durchaus erhellenden Kommentar der Interpretin noch ein
wenig weiter folgen, die in »Rom, Blicke« eine Parallel-
stelle zur Piazza-Bologna-Hymne entdeckt hat: »Also
der Große Schrott der Abendländischen Geschichte er-
wartet dich hier, Knorr-Arlecchino-Suppen, ein küm-
merlicher Platz, der widerliche Filmstar Mastrojanni
(sic) Commendatottore (sic) Pizzeria Rostecceria (sic)
(...) 50 Lire Busfahrt Atac Conservare il biglietto e pre-
sentarlo aperto ad ogni richiesta del personale plus
abendländische teutonische Dichter zum Kotzen in Villa
Massimo Schrotti überalli (...).« So etwas nennt sich
Fallhöhe – nicht nur, was die Fehlerquote im Italienischen angeht. Angesichts dieser Prosapassage erstrahlt
die parodistische Hymne in beinahe feierlichem literarischen Glanz. Der Verlust der Form reduziert den Prosa-
text auf bloßes und auch ziemlich albernes Ressentiment.
Doch ist Ressentiment die schlechteste Haltung, um
Rom beziehungsweise die Piazza Bologna zu überste-
hen. Wohl ist es eine Haltung, die ein Buch wie »Rom,
Blicke« hervorgebracht hat. Aber, und das sollte man
nicht vergessen, zugleich den Roman verhinderte, der
»Rom, Blicke« hätte werden können. Klüger ist es, in gewissen Trostlosigkeiten doch noch ein wenig mythischen
Glanz zu entdecken, wie Ernst Jünger es tat, der an der
Piazza Bologna nicht nur zum Friseur ging, sondern
auch in den Supermarkt: »Dann noch im Supermarkt an
der Piazza Bologna, einem der modernen Tempel des
Merkur. Diese Orte nehmen mit dem Klingeln der Kas-

sen, der gedämpften Musik, den Kontrollspiegeln, den aufgetürmten Stilleben einen halb narkotischen Charakter an. Die alten Märkte waren vitaler; diese sind traumhafter.« Jüngers narkotisierender Supermarkt ist mir nicht in Erinnerung geblieben. Wohl aber der Kiosk, an dem ich jeden Montag den »Spiegel« kaufte, im heimlichen Wettstreit mit den anderen Stipendiaten. Es gab mehr spiegellesende Stipendiaten als Exemplare am Kiosk. Hatte ich einen Spiegel, war der Villa-Massimo-Montag gerettet. Hatte ich keinen, mußte ich auch am Montag das tun, was ich an den anderen Tagen der Woche zu tun versuchte: keine Gedichte zu schreiben und doch ein Lyriker zu sein.

V. Raucherbedarfsartikel

Die Übergangsphase zur – mich gleichsam vom Lyrik-
zwang entbindenden – Prosa, mit der ich endlich kurz
vor dem Ende meines Romaufenthaltes zu schreiben be-
gonnen hatte, erleichterten mir meine Aufgaben als Librettist. Ich hatte mit Hans Werner Henze vereinbart,
mich nach dem »Verratenen Meer«, unserer ersten gemeinsamen Oper, für ein weiteres Libretto auf Stoff-
suche zu machen. Mehrere Dinge schwebten mir vor.
Zum einem eine Geschichte, die ich in Hemingways
Stierkampfbuch »Tod am Nachmittag« erwähnt gefunden hatte. Sie handelt von drei Geschwistern aus armer
Familie, zwei Brüdern und einer Schwester. Der Jüngste
will Stierkämpfer werden, wird unter vielen materiellen
Opfern ausgebildet und gleich bei seiner ersten öffent-
lichen Capea, einer Art Stierkampf für Nachwuchs-
Stierkämpfer, getötet. Die beiden anderen, Bruder und
Schwester, beschließen, den Toten zu rächen und den
Stier zu töten. Sie verfolgen den weiterhin unbesiegten
Stier über mehrere Stationen, aber immer scheitert ihr
Vorhaben. Irgendwann werden die grausamen, und, wie
Hemingway sagt, »barbarischen, schweinischen« und
»meilenweit von dem Ritual des formellen Stierkamp-
fes« entfernten Capeas verboten, und der Besitzer des
Stiers entschließt sich, das Tier an einen Schlachthof zu
verkaufen. Die Geschwister folgen dem Transport, ver-
schaffen sich Einlaß ins Schlachthaus, der Bruder bittet
darum, den Stier eigenhändig töten und ihm die Hoden
abschneiden zu dürfen. »Nachdem ihm dies gestattet

war«, so Hemingway, »machten er und seine Schwester ein kleines Feuer am Rand der staubigen Straße außerhalb des Schlachthofs und rösteten die beiden Drüsen an Stöcken, und als sie gar waren, aßen sie sie auf. Dann wandten sie dem Schlachthaus den Rücken zu und gingen weg, die Straße entlang und hinaus aus der Stadt.« Es sollte eine moderne Rachegeschichte werden, mit einem mythischen Tier in der Mitte, und natürlich frage ich mich heute, was mich, der ich kein Blut sehen kann und auch kein »aficionado« bin, an dieser Geschichte eigentlich berührt hat und noch immer berührt. Zum einen ist es wohl das Motiv der Geschwistertreue. Wer, der die Geschwisterkonkurrenz kennt, wünschte sich nicht, mit dem eigenen Bruder oder der eigenen Schwester einmal friedlich am Feuer zu sitzen und den gemeinsamen Feind zu verspeisen. Und zum anderen ist es das Motiv des mythischen Tiers, verkörpert der Stier doch ganz offensichtlich den Tod. Den Stier töten, das hieße also auch, den Tod töten. Und nur in dieser Hinsicht scheint mir auch der Jubel des Publikums beim Anblick eines in die Knie brechenden Tieres halbwegs nachvollziehbar zu sein. Ein letztes, biographisches Motiv reicht in die Versmolder Kindheit hinab, die mich unter anderem auch gelehrt hat, daß alle Wege in der Wurstfabrik enden. Aufgewachsen im Ortszentrum in unmittelbarer Nachbarschaft von Sankt-Petri-Kirche und Stockmeyers Wurstfabrik, hörte ich nicht nur regelmäßig die Glocken läuten, sondern auch die Schweine quieken. Sie quiekten von den Lastwagen herunter, die die Tiere zum Schlachten brachten und deren Weg an meinem Elternhaus vorbeiführte. Und was lag für einen pädagogisch eher grobmotorisch eingestellten Erziehungsberechtigten wie meinen Vater näher, als den Weg der angstgepeinig-

ten Tiere zu eben dem Weg zu erklären, den auch miß-
ratene Söhne zu gehen hätten. Nicht als Schlachtvieh
freilich, sondern als Wurstfabrikarbeiter. Doch auch
letzteres schien mir grausam genug. Ich hatte die Arbeiter oft genug aus der Fabrik herauskommen sehen, um
zu begreifen, daß es sich um eine schwere und blutige
Arbeit handeln mußte. Speziell am Freitagnachmittag,
wenn die Feierabendsirene früher heulte als an den anderen Wochentagen und das sogenannte Deputatfleisch
ausgeteilt worden war, verstärkte sich dieser Eindruck
auf furchterregende Weise. Dann trugen die Arbeiter
nicht nur ihre weiß-blau gestreifte Arbeitskleidung, sondern auch einen Leinenbeutel über der Schulter, der mit
Fleisch gefüllt und naß von Blut war. Das war die Beute
der Wurstfabrikarbeiter, und ich wußte, daß manche der
Arbeiter das Fleisch nicht auf direktem Wege nach
Hause brachten, sondern erst einmal in ihre Stamm-
kneipe einkehrten, wo der blutfleckige Beutel dann an
die Garderobe gehängt wurde. Und wer am späten Frei-
tagabend oder gar in der Nacht seinen Hund noch einmal ausführte, der konnte wenigstens einem Dutzend
angetrunkener Wurstfabrikarbeiter begegnen, die noch
immer in Arbeitskleidung und mit dem Fleischbeutel
über der Schulter durch den Ort kreisten wie betrunkene
Werwölfe auf der Suche nach ihrem Unterschlupf. Womit wir in gewisser Weise auch wieder auf der Opernbühne angekommen wären, für die ich neben der
Stierkämpfergeschichte auch erste Skizzen zu einer
Phädra-Oper entwarf, einer Mutter-Sohn-Inzestge-
schichte mit tragischem Ausgang. Und als drittes dachte
ich an den Minotaurus. Ich hätte gern den Minotaurus
auf der Opernbühne gesehen. Einen komplexen und
psychologischen Minotaurus. Einen Minotaurus, der

bereits eine Psychoanalyse hinter sich hat. Ich las und recherchierte und skizzierte schließlich verschiedene Szenarien für jeden einzelnen der drei Stoffe. Ich verwarf diese Fassungen, las und recherchierte neu und skizzierte ein weiteres Mal. Schließlich kombinierte ich aus allen drei Stoffen einen vierten und fertigte dann ein Szenarium an, welches Material für einen mindestens vierstündigen Opernabend enthielt. Am Ende hatte ich einen Entwurf, der mich in seiner Personen- und Handlungsvielfalt noch mehr verwirrte, als mich die Artikel in den mythologischen Lexika, derer ich mich bediente, bereits verwirrt hatten. Doch ich wollte nicht aufgeben, strich einen Theseus hier und eine Ariadne dort, ließ hier eine Verstrickung und dort eine Verwandlung weniger geschehen und fuhr zwischendurch mit der Lokalbahn von der Stazione Termini aus in die Castelli Romani und in das Haus des Komponisten, um meine Ideen vorzustellen. Von diesen Ideen wurde, was eine durchaus kluge Entscheidung war, am Ende nichts verwirklicht. Kein Stierkämpfer, keine Phädra und auch kein Minotaurus sollten jemals eine von mir getextete Arie singen. Die Stierkämpfergeschichte war möglicherweise zu hispanoid, zu wenig in den heimischen Symbolsystemen agierend. Der Phädrastoff machte insofern Probleme, als er keine wirkliche Inzestgeschichte war. Hypollitos wird nicht von seiner Mutter, sondern eben nur von seiner Stiefmutter Phädra begehrt – was den ganzen Konflikt entschärft und uns außerdem gezwungen hätte, ein eher kleinliches, sozusagen stiefmütterliches Phädra- und Frauenbild zu entwerfen. Der Minotaurus schließlich war allein nicht abendfüllend. So sehr mir auch an dem Mischwesen lag, so wenig hatte ich einen spannungsdramaturgisch überzeugenden Plot. Ich hatte keine Ge-

schichte, nur eine Situation. Oder noch weniger: nur ein
einziges Bild. Das Bild – das war der melancholische
menschenfressende Minotaurus in seinem Labyrinth,
der in Wahrheit nicht nach Opfern, sondern nach einem
Ausweg, wenn nicht nach Erlösung verlangte. Doch ein
Bild allein macht keinen Opernstoff. Statt dessen schrieb
ich einige Zeit später den Text zur Oper »Venus und
Adonis«, deren eigentlicher Held am Abend der Urauf-
führung nicht die leidenschaftliche Venus und nicht der
spröde Jüngling Adonis waren, sondern ein riesiger Olivenbaum, auf dessen Ästen die Hirten saßen und Madri-
gale sangen. Das Vorbild des Baumes hatte die Bühnen-
bildnerin auf der Insel Hydra gefunden, die Baumrinde
in Silikon gegossen und nach den in Griechenland gefer-
tigten Abdrücken den Bühnenbaum geschaffen. Als ich
den Baum auf der Bühne der Bayerischen Staatsoper
zum erstenmal sah, erblickte ich den gestaltgewordenen
Mythos des Mediterranen. Ich freute mich schon darauf,
den Baum aus der Nähe zu sehen, mich vielleicht sogar
an seine wohl künstliche, mir aber zutiefst archaisch er-
scheinende Rinde zu lehnen, wenn ich nach Ende der
Premierenvorstellung zusammen mit dem Komponisten
auf die Bühne gehen würde, um den Schlußbeifall entge-
genzunehmen. Als es dann soweit war und Adonis sein
junges Leben ausgehaucht hatte, um schließlich seine
Apotheose zu erleben, gen Himmel aufzusteigen und
sich in ein Himmelsgestirn zu verwandeln, vergaß man
allerdings, mich auf die Bühne zu holen. Der Librettist
ist ein Mensch, der nur ungern auf die Bühne geholt
wird. Für einen Moment überlegte ich, es allein zu ver-
suchen. Die Gelegenheit zur Verbeugung auf einer
Opernbühne ist schließlich selten genug. Doch ich saß
mitten im Parkett, und nicht einmal sehr weit vorn. Ich

hätte mich hinausdrängen müssen, doch wohin hätte ich gehen sollen? Ich zögerte und zuckte zurück vor der Vorstellung, mich im Treppenhaus und hinter der Bühne zu verirren. Vielleicht sogar hinter einer zufallenden Feuertür den Rückweg versperrt zu finden und in die Gewölbe des Opernhauses hinabsteigen zu müssen, um einen anderen Ausgang zu suchen. Oben tobte der Beifall, oben verbeugten sich Komponist, Dirigent und Ensemble, und ich irrte schweißnaß durch dunkle, von Heizungsröhren durchzogene Gänge, hier eine quietschende Ratte aus ihrem Versteck aufscheuchend und dort einer zischenden Dampffontäne ausweichend. Ich blieb also sitzen, wischte mir trotzdem den Schweiß von der Stirn, klatschte, war froh, keine beziehungsweise nur wenige Pfiffe zu hören, und traurig, nicht dort oben auf der Bühne zu sein. Die Bühne leerte sich, das Scheinwerferlicht wurde heruntergefahren, und als die Akteure verschwunden, der Vorhang aber noch offen und die Bühnenarbeiter noch nicht auf der Bühne erschienen waren, sah ich für einen Moment eine italienische Dämmerung, sah, wie der Olivenbaum ein Stück zu entweichen schien, sozusagen zurücktrat, in eine andere Sphäre hinein, ich sah ein Dunkel heraufsteigen über die Bühne, über den Süden, den Mezzogiorno, Sizilien. Und ich sah, daß nicht nur die Zypressen, sondern auch die Oliven einen tödlichen Ernst ausstrahlen können. Einen Ernst, den ich auch aus den Castelli Romani kannte. Besonders gegen Abend und wenn tief unten auf der Via Appia und auf den römischen Hügeln die Lichter angingen und sich ganz in der Ferne das Meer schwarz färbte, dann hatte ich gelegentlich einen uralten, aus der Frühzeit kommenden Seelenschmerz verspürt, der sich wie ein Zeltdach über ganz Latium spannte. Diesem Schmerz kann

man sich fügen, man kann ihn mit Rotwein, mit Kompo-
nieren, vielleicht auch mit Schreiben bekämpfen. Nur
dürfen es keine Gedichte sein, die man schreibt. Denn
diese haben keinerlei schmerzstillende Wirkung. Zumindest nicht für den Autor. Und natürlich erst recht nicht,
wenn sie mißlingen. Nichts tut mehr weh als ein schlechtes Gedicht. Das war zumindest meine Überzeugung, als
ich im Spätsommer wieder einmal aus den Albaner Bergen zurückgekehrt war, in der Stazione Termini aus dem
Vorortzug stieg und den Bus zur Villa Massimo nahm.
Dort setzte ich mich auf eine Bank im Hof des Villino
und machte eine Zwischenbilanz: Ich schrieb keine Gedichte mehr, meine Libretto-Ideen waren mir unter den
Händen zerfallen, ich ruinierte die Gesundheit der
Katze Carlo mit zu viel Dosenfutter – und ich langweilte
mich. Ich hatte mich seit meiner Kindheit wohl nirgends
so gelangweilt wie in der Villa Massimo. Die Tage in
der Villa Massimo waren wie die niemals endenden
ostwestfälischen Sonntagnachmittage. Ich spreche von
den Werktagen in der Villa Massimo. Man stelle sich erst
die Sonntage vor. An den Sonntagen stand die Zeit nicht
nur still. Sie kollabierte förmlich und hauchte ihren letzten Atem aus. Wer an einem heißen römischen Sonntag-
mittag auf die Piazza Bologna geht, der sieht angelehnte
oder leicht offenstehende Balkontüren und halb herun-
tergelassene Jalousien. Der hört aber auch die Geräusche
des Mittagessens, das Stimmengemurmel, das Klappern
von Tellern, Besteck und Gläsern. Und wer darob nicht
schwermütig wird, weil ihm kein sonntägliches Mittag-
essen im Familienkreis gegönnt ist, und weiter auf dem
Platz oder im Viertel herumgeht, der hört dann, wie das
Klappern leiser wird, das Stimmengemurmel abnimmt,
schließlich die Balkontüren geschlossen und die Jalou-

sien mit einem unsanften Geräusch gänzlich heruntergelassen werden. Dann ist Stille auf der Piazza Bologna, dann ist die römische Familie satt, und der Vater schläft seinen Sonntagnachmittagsschlaf. Der Stipendiat aber fühlt sich allein, würde am liebsten auch auf einem der Sofas liegen und einen nudelschweren Traum träumen, während die Gattin leise die Schiebetür zu- und sich selbst in die Küche zurückzieht, um das Geschirr abzuwaschen und das Abendessen vorzubereiten. Aber der Stipendiat, der ich war, hatte kein Sofa, nur einen Stuhl, und er hatte auch keine Gattin, sondern nur die Katze Carlo, der er eine doppelte Sonntagsportion verabreichte. An einem dieser gleichsam in das Zeitgrab gefallenen Sonntage habe ich mich denn auch, dem Sog der Zeitleere ebenso wie dem der Familienphantasie widerstehend, an den Schreibtisch gesetzt und den ersten (für mich ernst zu nehmenden) Prosasatz meines Lebens geschrieben. Er lautete: »Der Ort, an dem ich geboren wurde und der einmal als ‚Die Stadt der Würste und Schinken‘ in die Geschichte Ostwestfalens eingehen wird, war für mich nichts anderes als eine trübsinnige Ansammlung von Zweifamilienhäusern und Umgehungsstraßen, von Möbelgeschäften und Fleischereien.« Auf diesen Satz folgten weitere Sätze und am Ende eine Reihe von Erzählungen, aus denen wiederum mein erster Erzählungsband wurde. Wollte ich pathetisch sein, dann könnte ich sagen, daß Rom mir das Erzählen ermöglicht hat. Aber ich fürchte, ich würde damit nur das historische Muster nachahmen und auch für mich unbescheidenerweise so etwas wie einen zweiten römischen Geburtstag beanspruchen. So schön dies auch wäre: Richtiger ist wohl, daß Kindheitsmelancholie und die westfälische Leere in einem lebensgeschichtlich überfäl-

ligen Moment in Rom und in der Villa Massimo einen
Echoraum gefunden hatten, der gefüllt werden wollte.
Das scheint paradox, schließlich ist Rom ja schon so
überaus voll. Doch hat die Ewige Stadt nicht nur einen
außerordentlichen Reichtum an stein- und bildgeworde-
nen Verkörperungen sowie, mit Robert Gernhardt zu
sprechen, »viel alte Bausubstanz« zu bieten. Rom hat
auch einen von allen guten Dämonen verlassenen modernen Alltag, der so seelenleer sein kann, daß man ver-
zweifeln möchte. Zwar ist diese Seelenleere ein universa-
les Phänomen, möglicherweise aber ist dieses Phänomen
in Rom und in Italien ungleich schwerer zu ertragen als
beispielsweise im Münsterland. Tritt dort kein Pan aus
dem Gebüsch, dann ist das keine sonderliche Überra-
schung. Im Süden aber schlägt die Entseelung des Raums
und der Landschaft unerbittlich aufs Gemüt. Einen Begriff davon kann man sich in Pasolinis »Accatone« machen. Gefestigteren Gemütern sei ein Ausflug an die Ti-
bermündung empfohlen, in das ehemalige Fischerdorf
Fiumicino beispielsweise. Aber mir sind auch einige
Straßen und Plätze am Stadtrand von Salerno oder verschiedene Ortschaften auf der Insel Sardinien bekannt,
wo man von einer depressiven Geopsyche ohne Erbar-
men in die Knie gezwungen wird. Insofern war es die
Erfahrung der Langeweile in der Villa Massimo, die Erfahrung des von der Augusthitze gelähmten leeren mediterranen Raumes, die den autobiographischen Schreibimpuls ausgelöst und damit natürlich auch den leeren
Raum überhaupt erst erträglich gemacht hat. Wohl kann
ich deshalb meine Genese als Prosaautor in Rom ansie-
deln – aber ich kann und muß sie zugleich auch in den
Leerräumen der Kindheit verorten, denen ich in Rom
auf besondere Weise wiederbegegnet bin.

Auf die Frage, ob sie lieber in Rom oder lieber in Wien schreibe, hat Ingeborg Bachmann einmal sinngemäß geantwortet, daß sie besser in Wien sei, weil sie in Rom ist. Was möglicherweise auch heißt, daß sie in Rom besonders gut über Wien und in Wien besonders gut über Rom schreiben könne. Wendete ich diese Dialektik des Ausspielens auf meine eigenen Erfahrungen an, dann müßte ich sagen, daß ich wohl in Rom über Ostwestfalen habe schreiben können, in Ostwestfalen aber niemals über Rom. Ich hätte und habe in Ostwestfalen überhaupt nicht schreiben können, nicht über Rom, nicht über Wien und auch nicht über Ostwestfalen selbst. Tatsache aber ist, daß ich in Rom nicht nur über Ostwestfalen, sondern auch über mich selbst schreiben konnte. Besser noch als in Berlin konnte ich hier den Faden aufnehmen, mich dem eigenen Ich zuwenden und dieses in den Text überführen. War der Faden einmal aufgenommen, dann konnte es für mich auch keinen Zweifel daran geben, daß mein Schreiben ein autobiographisch inspiriertes Schreiben, mein Material die eigene Erfahrung und das eigene Ich waren. Wobei ich hier der Genauigkeit halber hinzufügen muß: das eigene Prosa-Ich. Das eigene Lyrik-Ich hatte ja seine Erfahrungen schon machen dürfen – und das eigene Libretto-Ich auch. Wobei letzteres wohl am wenigsten bei sich selbst ist und auch gar nicht bei sich selbst sein sollte. Lebt und stirbt es doch mit dem Genius der Musik und dem des Komponisten. Das Ich als Lyrik-Ich aber, dem wir in Gedichten als sogenanntes lyrisches Ich begegnen, was aber ohne weiteres auch ein lyrisches Du, Er, Sie oder Es sein kann, hatte zwar einige Erfahrungen machen, sich spielerisch entwerfen dürfen, zugleich aber auch feststellen müssen, daß sich gewisse Dinge im Gedicht nicht sagen beziehungsweise erfahrbar machen lassen. Dazu gehört beispielsweise die Chronologie, das Vergehen der Lebenszeit. Und dazu gehört auch das diese Lebenszeit begleitende Sprechen, das ein langes, andauerndes Sprechen ist. Ich schließe nicht aus, daß zu den Urformen der Poesie und der poetischen Wahrnehmung auch der Gesang der Mutter am Bett des Kindes gehört. Und daß, wer dieses Lied regelmäßig hören durfte, eine Art Urvertrauen zur musikalischen Form, zum Lied und zur Poesie erworben hat. An das Lied und den Gesang der Mutter am meinem Kinderbett kann ich mich allerdings nicht erinnern, wohl aber an das Sprechen der Flüchtlinge und Vertriebenen in der heimatlichen Wohnküche. Ich habe dieses Sprechen in verschiedenen Stimmlagen, Stimmfärbungen und Rhythmen in Erinnerung. Aus der weitesten Entfernung, der frühesten Frühe sozusagen, hallt es in mir noch als Gemurmel nach. Es gibt Menschen, die belauschen ihre Nachbarn, indem sie am Samstagnachmittag für einige Zeit in der Badewanne untertauchen. Auch ich war wohl noch unter Wasser, als ich zum ersten Mal schlesische, ostpreußische oder pommersche Sprachfärbungen hörte. Später und aus der extrauterinen Position heraus hörte ich diese Stimmen dann lauter, und ich hörte nicht nur schlesische, ostpreußische oder pommersche Stimmen, sondern auch schwäbische. Was damit zusammenhängt, daß die Vorfahren meiner Eltern ursprünglich und zu Zeiten Katharinas der Großen aus Schwaben in das Zarenreich ausgewandert waren, dort Land urbar gemacht, Nachfahren gezeugt und sich ihren Dialekt erhalten hatten. Eine dieser Nachfahren war eine Tante namens Martha, die zu den festen Besuchern in der Wohnküche der Eltern gehörte und die nur das »Bäsle Martha« genannt wurde. Sie stammte natürlich ebenfalls aus dem Osten, war gleichwohl schwäbisch und trug einiges sowohl zur Stimmenvielfalt in der Wohnküche als auch zur politisch-geographischen Desorientierung in einem unschuldigen Kinderhirn bei. Denn dieses Kinderhirn konnte sich schwäbische Tanten, die aus dem Osten, also mehr oder weniger aus Rußland, stammten, einfach nicht vorstellen. Aber es konnte den Klängen lauschen, die den Küchenraum erfüllten. Wenn ich das Geschehen in der Wohnküche aus opernästhetischer Perspektive betrachte, dann war das, was ich dort hörte, zumeist eine Art Ensemblegesang. In der Regel sprachen alle mit allen. Der Ensemblegesang aber, so heißt es, ist ja das eigentliche Wunder der Oper. Er war auch das Wunder der heimischen Küche. Gelegentlich aber gab es auch Soloauftritte, und es wurden Arien gesungen. Immer dann beispielsweise, wenn besagtes Bäsle Martha das Wort ergriff. Dann konnte ich eine Tante-Martha-Arie mit schwäbisch-ostpreußisch-pommernhaftem Akzent hören. Frauenterzette waren häufiger als Männerduette, doch wenn ein Männerduett erklang, dann schwiegen die Frauen respektvoll und so lange, bis die Männer auch wirklich von der Küchenbühne abgetreten waren. An große dramatische Auftritte kann ich mich nicht erinnern, die Messer wurden nur gewetzt, um der Fleischgerichte Herr zu werden, die die Mutter der Familie sowie den Freunden und Bekannten vorzusetzen pflegte. Mit den Jahren änderte sich natürlich die Besetzung, die Flüchtlinge und Vertriebenen wurden weniger, und andere Personen tauchten auf: Spätheimkehrer und Zonenflüchtlinge, Arbeitsemigranten und sogenannte Reisende. Und im Zuge der Entwicklung veränderte sich auch die Wohnküche, blieb wohl Wohnküche, wurde aber auch Zigarettengeschäft. Dank eines Vorhangs, der

durch den Raum gespannt wurde. Das Repertoire wurde
erweitert, der erste italienische Gastarbeiter beehrte
mein Elternhaus auf der Suche nach den gewohnten
»Nazionali«. Neben Boris Godunow und den Don Ko-
saken wurde nun auch Puccini gegeben, wenn auch mit
heiserer Stimme. Von allen anderen Figuren gar nicht zu
reden. Ich nenne nur »den Jugoslawen«, der »als solcher«
bei uns verkehrte, und ich nenne »den Negerpastor«, der
gewissermaßen topologisch wurde: ein Mann aus dem
Tschad, der den Blues ins protestantische Haus brachte,
den Hund erschreckte, Zigarillos rauchte und doch ein
echter Lutheraner war – mit Abschluß in Münster. Und
ich nenne die sogenannten »Reisenden«, die mit zuneh-
mender wirtschaftlicher Prosperität des elterlichen La-
dengeschäfts mein Elternhaus aufsuchten. Irgendwann
wurde der Vorhang wieder entfernt und das Geschäft in
einem echten Ladenraum im vorderen Hausteil und mit
Eingang zur Straße angesiedelt. Doch die Wohnküche
blieb das Zentrum für Privates und Geschäftliches, und
viele der alten Kunden gingen noch immer lieber über
den Hof in die Küche als von der Straße aus in das Laden-
geschäft. Und natürlich ließen sich auch die sogenannten
Reisenden in der Wohnküche nieder. Es gab Reisende für
Süßwaren, Reisende für Papier- und Schreibwaren und
Reisende für Tabakwaren und für sogenannte Raucherbedarfsartikel. Die Raucherbedarfsartikel waren meine
Domäne und die Reisenden für Raucherbedarfsartikel
meine Lieblingsreisenden. Nichts war schöner als ein
Musterkoffer mit Feuerzeugen in Pistolenform oder als
Vesuv, mit Zigarrenabschneidern, die wie Samurai-
schwerter aussahen, oder mit sogenannten Zigaretten-
spendern, die als Landschaftsidyll aus Plastik gestaltet
waren: Reiher am Teich. Wenn man das Tier richtig be-

diente, fischte es aus dem Plastikteich eine echte Zigarette heraus. Die Reisenden für Raucherbedarfsartikel kamen aus dem Märchenland. Allein schon die Tatsache, daß die Eltern nicht von »Vertretern«, sondern von »Reisenden« sprachen, hatte mich für sie insgesamt eingenommen. Die Bezeichnung »Reisende« gab ihrem Dasein eine existentielle, ahasverhafte Würde. Sie waren Reisende, so wie andere Menschen Melancholiker oder gute Christen waren. Ich war überzeugt davon, daß die Reisenden nicht reisten, weil sie etwas zu verkaufen hatten, sondern daß sie etwas verkauften, weil sie reisten. Sie waren aus Prinzip und immer schon unterwegs. Und wenn man sowieso unterwegs ist, dann kann man auch den einen oder anderen Musterkoffer mit sich führen und schöne Dinge unter die Leute bringen. Die Reisenden waren darüber hinaus freundlich zu Kindern. Sie waren unterwegs, hatten schöne Dinge in ihren Koffern und waren auf eine Weise freundlich zu mir, wie es nicht einmal die Flüchtlinge und Vertriebenen waren. Letztere waren gewissermaßen strukturell freundlich, was auch ein Effekt ihrer Sprache war, die einerseits voller Diminutive und Kindlichkeiten und andererseits voller kleinbäuerlich-knechthafter Höflichkeitsfloskeln steckte, als gelte es noch immer, den gestrengen ostelbischen Junker bei Laune zu halten. Ich jedenfalls konnte nicht gemeint sein, wenn, was durchaus passierte, der eher linkische Knabe, der ich war, von einem älteren Ostpreußen auf der Straße mit »Junger Herr« angeredet wurde. Da wurden Welten verwechselt – erstaunlicherweise zu meinen Gunsten. Die Freundlichkeit der Reisenden war weniger weltfremd und eher darauf aus, ein Bündnis zu schließen zwischen Knabe und Vertreter. Medium dieses Bündnisses waren die Raucherbedarfsartikel, von denen beide,

Knabe und Vertreter, auf gleiche Weise begeistert waren. Eine gemeinsame Begeisterung im Bunde mit Erwachsenen kannte ich bisher nicht. Gemeinsames Begeistertsein aber verbindet. Ich fühlte mich den Vertretern und speziell denen für Raucherbedarfsartikel auf geradezu sentimentale Weise verbunden. Ich war ein Kind, das an Vertretern hing. Die Eltern waren von den Raucherbedarfsartikeln weniger begeistert, mußten aber feststellen, daß die unnützesten Dinge den größten Umsatz erbrachten. Den größten Umsatz erbrachte der Reiher am Teich, den zweitgrößten das Vesuvtischfeuerzeug. Der Reiher wurde mit Vorliebe von Spätheimkehrern gekauft, das Versuvtischfeuerzeug dagegen, wen wundert es, vor allem von italienischen und speziell aus der Region Neapel stammenden Arbeitsimmigranten.

Wie gern würde ich noch ein wenig weiter ausschwärmen und das Märchen von den schönen Dingen und der mit Leben erfüllten polyphonen Wohnküche erzählen. Denn es erscheint mir wie eine echte, glückliche Alternative zum Alptraum der bloß mit Waren oder Werbeaufstellern vollgestellten Küche. Wie gern würde ich das Murmeln der Flüchtlinge, den Singsang der Vertriebenen, den Blues des Negerpastors und die ariose Heiserkeit des Italieners namhaft machen für den eigenen Schreibimpuls, für die häusliche Genese der Sprachmusik im eigenen Leib. Und wie gern würde ich auch den Besuch der sogenannten Reisenden und die wunderbaren Dinge aus dem Musterkoffer aufnehmen in das Arsenal meiner persönlichen Selbstbegründungsmythen. Doch zugleich scheint mir, als erzählte ich bloß von einem Traum, in dem Reiher und Vulkane über Pappkartons triumphieren. Oder als huldigte ich einem Wohnküchenmythos, um der Leere beziehungsweise negativen Vollgestelltheit des Anfangs nun doch noch mit so etwas wie einem dinglich und stimmlich erfüllten Glück antworten zu können. Damit wäre ich allerdings in bester Gesellschaft, womit ich nicht so sehr Heinrich Böll, den Verteidiger der Waschküchen, meine, sondern vor allem Peter Weiss, dessen dreibändige »Ästhetik des Widerstands« auch eine Utopie der proletarischen Küche enthält. In Peter Weiss' proletarischem Emanzipations- und Bildungsroman wird die Küche zur Bildungsmitte der Welt, in der Majakowski gelesen wird und Döblin, Gorki, Arnold Zweig und Heinrich Mann. »Statt einer Spitzendecke, einer Porzellanvase« kauften die Eltern Bücher, »und auch als das Geld knapp war, konnte es geschehen, daß mein Vater oder meine Mutter mit einem neuen Buch von Toller oder Tucholsky, von Kisch, Ehrenburg oder Nexö nach Hause kam, und wir saßen abends unter der Küchenlampe, lasen abwechselnd draus vor und besprachen untereinander den Inhalt.« Hier klingt der Traum von der Familie als proletarischer Bildungsgemeinschaft an. Ein Traum, der nur geträumt werden kann, wenn man davon ausgeht, daß Bildung erwerbbar und eben nicht für alle Zeiten, »in den Schuldzusammenhang des Privilegs verstrickt« ist, wie es in Adornos »Einleitung zur Theorie der Halbbildung« heißt.

Neben der mit gehörigem erzählerischem Nachdruck durchgeführten Bildungsutopie ist es vor allem das Konzept der sogenannten »Wunschautobiographie«, das mich an Weiss' »Ästhetik des Widerstands« von Anbeginn fasziniert hat. Die literarisch durchgeführte Einsicht, daß das eigene Ich seine ungeborgenen Varianten hat, die es gegebenenfalls zu bergen gilt. Natürlich muß das wunschautobiographische Schreiben nicht von einem politischen oder entwicklungspsychologischen Konzept geleitet und motiviert sein, um als befreiend oder bereichernd erfahren zu werden. Ich muß mich biographisch nicht unbedingt ins Bessere umschreiben. Es geht auch umgekehrt. Entscheidend ist die Erfahrung der eigenen Ich-Disponibilität. Ich bin nicht sicher, ob der Zustand des Autors insgesamt ein privilegierter Zustand ist. Wohl eher nicht. Wenn auch die Möglichkeit, die eigene Lebensgeschichte, die eigenen Erfahrungen schriftstellerisch bearbeiten und nutzen zu können, als Privileg erscheint. Doch kommt zu den Problemen, die man sowieso schon hat, für einen Schriftsteller noch das Problem des Schreibens hinzu. Es soll ja nicht nur geschrieben, es soll auch gut geschrieben werden. Es soll ja nicht nur publiziert werden, es soll ja auch halbwegs erfolgreich publiziert werden. Wer sich vornimmt, sein Lebensproblem schreibend zu bewältigen, der hat sehr bald ein zusätzliches Lebensproblem. Gleichwohl und trotz dieser Einschränkungen, die im schlechtesten Falle das Schreiben auch zu einem Fluch und zu einer hoch riskanten narzißtischen Kränkungserfahrung machen können, habe ich es immer als besonderes Privileg erfahren, die eigene Lebensgeschichte und das eigene Ich abwandeln oder gar neu erfinden zu dürfen. Die Erfindung des Autobiographischen entlastet vom Authentizitätsdruck. Schreibend stelle ich fest, daß ich nicht der sein muß, der ich bin. Schreibend stelle ich fest, daß ich vieles erinnere und vieles auch vergessen habe, daß ich das Erinnerte aber ›umerinnern‹ und das Vergessene gegebenenfalls zurückerfinden kann. Und schreibend stelle ich ebenfalls fest, daß es mir nicht nur Vergnügen bereitet, aus mißlichen Erfahrungen bessere zu machen, sondern auch bessere Erfahrungen in mißliche zu verwandeln. Wenn das Schreiben schon etwas mit Lebensbewältigung zu tun hat, dann auch insofern, als das ganze Leben zu bewältigen ist. Nicht nur den schlechten Tagen muß man sich gewachsen zeigen. Auch die guten müssen wir bestehen.

Zitierte oder benutzte Literatur

Adorno, Theodor W., »Einleitung zur Theorie der Halbbildung«, *in: Soziologische Schriften 1*, Frankfurt am Main 1990, S. 93-121.

Andersch, Alfred, *Hohe Breitengrade*, Zürich 1984.

Bloch, Ernst, *Das Prinzip Hoffnung*, Frankfurt am Main 1959.

–, »Italien und die Porosität.« In: *Gesamtausgabe in sechzehn Bänden, Band 9, Literarische Aufsätze*, Frankfurt am Main 1974, S. 508-515.

Boyle, Nicolas, *Goethe. Ein Dichter in seiner Zeit. Bd. 1. 1749-1790*, München 1995.

Brinkmann, Rolf Dieter, *Rom, Blicke*, Reinbek bei Hamburg, 1979.

–, *Westwärts 1 & 2. Gedichte*, Reinbek bei Hamburg 1975.

Deutsche Akademie Villa Massimo Rom. Hg. v. Direktor der Deutschen Akademie Villa Massimo Rom im Auftrag des Bundesministers des Innern. Rom o. J.

Emrich, Wilhelm, »Das Bild Italiens in der deutschen Literatur«, in: *Geist und Widergeist. Wahrheit und Lüge der Literatur. Studien*, Frankfurt am Main 1965, S. 258-286.

Enzensberger, Hans Magnus, *Blindenschrift. Gedichte*, Frankfurt am Main 1971.

Fontane, Theodor, *Meine Kinderjahre*, Leipzig 1955.

Freud, Sigmund, »Eine Kindheitserinnerung aus ›Dichtung und Wahrheit‹«, in: *Studienausgabe Bd. X, Bildende Kunst und Literatur*. Hg. v. Alexander Mitscherlich u. a.: Frankfurt am Main 1982, S. 255-266.

Friedenthal, Richard, *Goethe. Sein Leben und seine Zeit*, München 1963.

Goethe, Johann Wolfgang von, *Werke, Hamburger Ausgabe*, München 1981.

Heaney, Seamus, *Norden. Gedichte*. Englisch und deutsch. Übertragen von Richard Pietraß, Leipzig 1987.

Hemingway, Ernest, *Tod am Nachmittag*, Reinbek bei Hamburg 1967.

Henningsen, Bernd, *Der Norden. Eine Erfindung. Das europäische Projekt einer regionalen Identität*, Berlin 1995.

Hofmannsthal, Hugo von: »Soldatengeschichte«, in: *Sämtliche Werke*, Bd. 29, Frankfurt am Main 1978, S. 50-62.

Jünger, Ernst, *Siebzig verweht, Bd. 1*, Stuttgart 1995.

Lehndorff, Hans Graf von, *Menschen, Pferde, weites Land. Kindheits- und Jugenderinnerungen*. 57.-60. Tsd., München 1990.

Lee, Hermione, *Virginia Woolf. Ein Leben*. Aus dem Englischen von Holger Fliessbach, Frankfurt am Main 1999.

Malkowski, Rainer, *Zu Gast. Gedichte*, Frankfurt am Main 1983.

Mann, Thomas, *Tonio Kröger. Mario und der Zauberer*, Frankfurt am Main 1999.

Metzner, Joachim, *Persönlichkeitszerstörung und Weltuntergang. Das Verhältnis von Wahnbildung und literarischer Imagination*, Tübingen 1976.

Nietzsche, Friedrich, *Zur Genealogie der Moral*, München 1983.

Pagnol, Marcel: *Eine Kindheit in der Provence*. München 1964.

Petrarca, Francesco: *Die Besteigung des Mont Ventoux*. Lateinisch/ Deutsch. Übers. u. hg. v. Kurt Steinmann. Stuttgart 1995.

Pindar, *Die Dichtungen und Fragmente*. Verdeutscht und erläutert von Ludwig Wolde, Leipzig 1942.

Proust, Marcel, *Auf der Suche nach der verlorenen Zeit*. Aus dem Französischen von Eva Rechel-Mertens. Frankfurt am Main 1961.

–, *Gegen Sainte-Beuve*, hg. v. Mariolina Bongiovanni Bertini in Zus. mit Luzius Keller. Frankfurt am Main 1977.

Rilke, Rainer Maria, *Das Stundenbuch*, Frankfurt am Main und Leipzig 1996.

Rosenberg, Alfred, *Der Mythus des 20. Jahrhunderts. Eine Wertung der seelisch-geistigen Gestaltenkämpfe unserer Zeit*. 63.-66. Aufl. München 1930.

Rousseau, Jean Jacques, *Bekenntnisse*. Übers. v. Alfred Semmrau. Düsseldorf 1996.

Scheck, Denis/Hubert Winkels (Hg.), *Mutmaßungen über die Poesie. Lesungen und ein Gespräch mit Hans Magnus Enzensberger und Raoul Schrott*. Frankfurt am Main 1999.

Scherpe, Klaus R., *Die rekonstruierte Moderne. Studien zur deutschen Literatur nach 1945*. Köln, Weimar, Wien 1992.

Schlaffer, Hannelore, »Antiker Form sich nähernd. Rolf Dieter Brinkmanns Hymne auf einen italienischen Platz«, in: Neue Rundschau 97. 1986, H. 1, S. 41-48.

Verne, Jules, *Die Abenteuer des Kapitän Hatteras*. Nach einer alten Übers. bearb. v. Manfred Hoffmann: Berlin 1989.

Weiss, Peter, *Die Ästhetik des Widerstands. Roman*. Frankfurt am Main 1988.

Willems, Gottfried, »Klassische Lyrik? – über Goethes Römische Elegien und Venetianische Epigramme«, in: *Traditionen der Lyrik. Festschrift für Hans-Henrik Krummacher*. Hg. v. Wolfgang Düsing, München 1997, S. 87-102.

Zitierte oder benutzte Literatur

Wolken, Karl Alfred, *Eigenleben. Gedichte aus der Villa Massimo,* München 1987.

Woolf, Virginia, »Eine Skizze der Vergangenheit«. In: Dies., *Augenblicke. Skizzierte Erinnerungen.* Mit einem Essay von Hilde Spiel, Frankfurt am Main 1984.

Zapperi, Roberto: *Das Inkognito. Goethes ganz andere Existenz in Rom,* München 1999.

Hans-Ulrich Treichel
im Suhrkamp Verlag

Der einzige Gast. Gedichte. es 1904. 71 Seiten

Der Entwurf des Autors. Frankfurter Poetik-Vorlesungen.
es 2193. 128 Seiten

Heimatkunde oder Alles ist heiter und edel. Besichtigungen.
st 3111. 132 Seiten

Liebe Not. Gedichte. es 1373. 79 Seiten

Seit Tagen kein Wunder. Gedichte. es 1373. 79 Seiten

Tristanakkord. Roman. 240 Seiten. Gebunden

Der Verlorene. Erzählung. st 3061 und gebunden.176 Seiten.

Von Leib und Seele. Berichte. 86 Seiten. Englische Broschur

Über die Schrift hinaus. Essays zur Literatur.
es 2144. 240 Seiten

»Hans-Ulrich Treichel beobachtet klug und scharf, und er
kann ganz locker und unverkrampft erzählen: Amüsant zu lesen, vielleicht mehr komisch als traurig und gerade deshalb
oft erschütternd.« *Verena Auffermann, Süddeutsche Zeitung*

NF 310/1/8.00

Frankfurter Poetik-Vorlesungen
im Suhrkamp Verlag

Die Gastdozentur für Poetik an der Johann Wolfgang Goethe-Universität in Frankfurt/Main wurde zum ersten Mal im Wintersemester 1959/60 vergeben. Erste Dozentin war Ingeborg Bachmann. Diese Tradition wurde 1968 unterbrochen und 1979 vom Suhrkamp Verlag und der Universität mit Uwe Johnson fortgesetzt.

NF 311/1/8.00

Peter Sloterdijk. Zur Welt kommen – Zur Sprache kommen.
es 1505. 175 Seiten (1988)

Christoph Meckel. Von den Luftgeschäften der Poesie.
es 1578. 119 Seiten (1988/89)

Jurek Becker. Warnung vor dem Schriftsteller. es 1601. 90 Seiten
(1989)

Hans Christoph Buch. Die Nähe und die Ferne. Bausteine
zu einer Poetik des kolonialen Blicks. es 1663. 142 Seiten
(1990)

Karl Dedecius. Poetik der Polen. es 1690. 135 Seiten (1990/91)

Oskar Pastior. Das Unding an sich. es 1922. 127 Seiten (1994)

Bodo Kirchhoff. Legenden um den eigenen Körper. Mit Abbildungen. es 1944. 182 Seiten (1994/95)

Dieter Wellershoff. Das Schimmern der Schlangenhaut. Existentielle und literarische Aspekte des literarischen Textes.
es 1991. 142 Seiten (1995/96)

Marlene Streeruwitz. Können. Mögen. Dürfen. Sollen.
Wollen. Müssen. Lassen. es 2086. 140 Seiten (1997/98)

Hans-Ulrich Treichel. Der Entwurf des Autors.
es 2193. 130 Seiten (1999/2000)

NF 311/2/8.00

Neuere deutschsprachige Literatur
im Suhrkamp Verlag
Eine Auswahl

Kurt Aebli
- Frederik. Erzählung. 109 Seiten. Gebunden
- Küß mich einmal ordentlich. Prosa. es 1618. 106 Seiten
- Mein Arkadien. Prosa. es 1885. 115 Seiten
- Die Uhr. Gedichte. es 2186. 90 Seiten

Gion M. Cavelty
- ad absurdum oder Eine Reise ins Buchlabyrinth.
  es 2031. 110 Seiten
- Endlich Nichtleser. st 3131. 120 Seiten
- Quifezit oder Eine Reise im Geigenkoffer.
  es 2001. 106 Seiten
- Tabula rasa oder Eine Reise ins Reich des Irrsinns.
  es 2076. 107 Seiten

Kurt Drawert
- Alles ist einfach. Stück in sieben Szenen. es 1951. 116 Seiten
- Haus ohne Menschen. Zeitmitschriften. es 1831. 120 Seiten
- Privateigentum. Gedichte. es 1584. 138 Seiten
- Spiegelland. Ein deutscher Monolog. es 1715. 157 Seiten
- Steinzeit. es 2151. 160 Seiten

Esther Dischereit
- Joëmis Tisch. Eine jüdische Geschichte. es 1492. 122 Seiten
- Merryn. 118 Seiten. Gebunden
- Übungen, jüdisch zu sein. Aufsätze. es 2067. 150 Seiten

Oswald Egger
- Herde der Rede. Poem. es 2109. 380 Seiten

NF 313/1/6.00

Werner Fritsch
- Aller Seelen. Golgatha. Stücke und Materialien.
  es 3402. 200 Seiten
- Cherubim. 254 Seiten. Gebunden
- Es gibt keine Sünde im Süden des Herzens. Stücke.
  es 2117. 302 Seiten
- Fleischwolf. Gefecht. es 1650. 112 Seiten
- Jenseits. Erzählung. 72 Seiten. Gebunden.
- Die lustigen Weiber von Wiesau. Stück und Materialien.
  es 3400. 189 Seiten
- Stechapfel. Legende. 102 Seiten. Gebunden
- Steinbruch. es 1554. 53 Seiten

Rainald Goetz
- Abfall für alle. Roman eines Jahres. 800 Seiten. Broschur
- Celebration. Texte und Bilder zur Nacht. es 2118. 286 Seiten
- Dekonspiratione. Erzählung. 140 Seiten
- Festung. Stücke. es 1793. 295 Seiten
- Hirn/Krieg. cs 1320. 508 Seiten
- Irre. Roman. Mit zahlreichen Abbildungen.
  st 1224. 331 Seiten
- Jeff Koons. Stück. 159 Seiten. Englische Broschur
- Kontrolliert. st 1836. 281 Seiten
- Kronos. Berichte. es 1795. 401 Seiten
- Rave. Erzählung. 1998. 271 Seiten. Leinen

Durs Grünbein
- Falten und Fallen. Gedichte. 124 Seiten. Gebunden
- Galilei vermißt Dantes Hölle und bleibt an den Maßen hängen. Aufsätze 1989-1995. 269 Seiten. Gebunden
- Grauzone morgens. Gedichte. es 1507. 93 Seiten
- Nach den Satiren. Gedichte. 1999. 250 Seiten. Gebunden
- Schädelbasislektion. Gedichte. 154 Seiten. Gebunden
- Den Teuren Toten. 33 Epitaphe. 48 Seiten. Büttenbroschur

NF 313/2/6.00

Norbert Gstrein
- Anderntags. Erzählung. es 1625. 116 Seiten
- Einer. Erzählung. es 1483. 118 Seiten
- Die englischen Jahre. Roman. 360 Seiten. Gebunden
- Der Kommerzialrat. Bericht. st 2718. 148 Seiten
- O2. Novelle. st 2476. 170 Seiten
- Das Register. Roman. st 2298. 230 Seiten
- Selbstportrait mit einer Toten. Roman. 112 Seiten. Gebunden

Katharina Hacker
- Der Bademeister. Roman. 210 Seiten. Gebunden
- Morpheus oder Der Schnabelschuh. es 2092. 126 Seiten
- Tel Aviv. Eine Stadterzählung. es 2008. 145 Seiten

Joachim Helfer
- Cohn & König. Roman. st 3120. 232 Seiten
- Du Idiot Roman. st 2998. 268 Seiten

Peter Henning
- Aus der Spur. Erzählung. st 3156. 120 Seiten
- Tod eines Eisvogels. Roman. st 2908. 135 Seiten

Daniel Kehlmann
- Beerholms Vorstellung. Roman. 288 Seiten
- Mahlers Zeit. Roman. 160 Seiten. Gebunden
- Unter der Sonne. Erzählungen. 112 Seiten

Gerhard Kelling
- Beckersons Buch. Roman. 1999. 269 Seiten. Gebunden

Ady Henry Kiss
- Atlantic City. Erzählungen. st 2838. 230 Seiten
- Baker's Barn. Roman. st 2633. 338 Seiten
- Canyons. Roman. st 3096. 160 Seiten
- Manhatten II. Roman. st 2416. 152 Seiten

NF 313/3/6.00

Barbara Köhler
- Blue Box. Gedichte. 59 Seiten. Leinen
- Deutsches Roulette. Gedichte. es 1642. 85 Seiten
- Wittgensteins Nichte. vermischte schriften / mixed media.
  es 2153. 175 Seiten

Uwe Kolbe
- Abschiede. Und andere Liebesgedichte. es 1178. 82 Seiten
- Bornholm II. Gedichte. es 1402. 106 Seiten
- Hineingeboren. Gedichte. 1975-1979. es 1110. 137 Seiten
- Nicht wirklich platonisch. Gedichte. 98 Seiten
- Renegatentermine. 228 Seiten
- Vaterlandkanal. Ein Fahrtenbuch. 86 Seiten.
- Vineta. Gedichte. 1998. 68 Seiten. Gebunden

Christian Lehnert
- Der Augen Aufgang. Gedichte. es 2101. 100 Seiten
- Der gefesselte Sänger. Gedichte. es 2028. 92 Seiten

Jo Lendle
- Unter Mardern. es 2111. 100 Seiten

Andreas Maier
- Wäldchestag. Roman. 350 Seiten

Thomas Meinecke
- The Church of John F. Kennedy. Roman. 245 Seiten
- Holz. Erzählung. st 3010. 112 Seiten
- Mode & Verzweiflung. st 2821. 129 Seiten
- Tomboy. Roman. st 3118. 251 Seiten

Bodo Morshäuser
- Die Berliner Simulation. Erzählung. 138 Seiten
- Blende. Erzählung. 161 Seiten. Broschur
- Hauptsache Deutsch. 1992. es 1626. 205 Seiten

NF 313/4/6.00

- Liebeserklärung an eine häßliche Stadt. Berliner Gefühle. st 2933. 155 Seiten
- Nervöse Leser. Erzählung. 150 Seiten. Broschur
- Revolver. Vier Erzählungen. es 1465. 140 Seiten
- Tod in New York City. Roman. 140 Seiten. Gebunden
- Warten auf den Führer. es 1879. 142 Seiten
- Der weiße Wannsee. Ein Rausch. st 2713. 192 Seiten

Sabine Neumann
- Streit. Erzählungen. st 2119. 140 Seiten

Andreas Neumeister
- Äpfel vom Baum im Kies. 1988. 261 Seiten
- Ausdeutschen. Roman. 132 Seiten. Gebunden
- Gut laut. Roman. 132 Seiten. Gebunden
- Salz im Blut. 195 Seiten. Gebunden

José F. A. Oliver
- fernlautmetz. Gedichte. es 2212. 80 Seiten

Albert Ostermaier
- fremdkörper hautnah. Gedichte. es 2032. 100 Seiten
- Heartcore. Gedichte. Mit CD. 110 Seiten
- Herz Vers Sagen. Gedichte. es 1950. 73 Seiten
- The Making Of. Radio Noir. Stücke. es 2130. 192 Seiten
- Tatar Titus. Stücke. 198 Seiten. Gebunden

Doron Rabinovici
- Papirnik. Stories. es 1889. 134 Seiten
- Suche nach M. Roman in zwölf Episoden.
  287 Seiten. Gebunden

NF 313/5/6.00

Patrick Roth
- Die Christus-Trilogie. Drei Bände mit CD.
  436 Seiten. Gebunden in Kassette
- Corpus Christi. st 3064. 180 Seiten
- Johnny Shines oder Die Wiedererweckung der Toten. Seelenrede. st 2783. 163 Seiten. Gebunden
- Meine Reise zu Chaplin. Ein Encore. 80 Seiten. Gebunden
- Riverside. Christusnovelle. st 2568. 93 Seiten

Ralf Rothmann
- Berlin Blues. Schauspiel. 100 Seiten. Bütten-Broschur
- Flieh, mein Freund! Roman. st 3112. 280 Seiten
- Gebet in Ruinen. Gedichte. 72 Seiten
- Kratzer und andere Gedichte. st 1824. 85 Seiten
- Messers Schneide. Erzählung. st 1633. 133 Seiten
- Milch und Kohle. Roman. 211 Seiten. Gebunden
- Stier. Roman. st 2255. 372 Seiten. Leinen
- Wäldernacht. Roman. st 2582. 304 Seiten
- Der Windfisch. Erzählung. 133 Seiten. Broschur

Lutz Seiler
- pech & blende. Gedichte. es 2161. 90 Seiten

Jamal Tuschik
- Keine große Geschichte. Roman. es 2166. 200 Seiten

Anne Weber
- Am Anfang war. 200 Seiten
- Ida erfindet das Schießpulver. es 2108. 120 Seiten

Peter Weber
- Silber und Salbader. Roman. 306 Seiten. Gebunden
- Der Wettermacher. Roman. st 2547. 316 Seiten

NF 313/6/6.00